核の戦後史

Q&Aで学ぶ原爆・原発・被ばくの真実

戦後再発見双書

木村 朗＋高橋博子［著］

創元社

はじめに

一九四五年八月、アメリカは広島、長崎に対して原爆を使用しました。アメリカの行為ははたして正しかったのか。アメリカの大手民間調査機関ピュー・リサーチ・センターが二〇一五年四月七日に発表したところによると、原爆投下についてアメリカ人の五六パーセントが「正当だった」と答え、三四パーセントが「不当だった」と答えたそうです。

いまだにアメリカ人の半数以上が原爆投下は正しいと考えているわけです。七月二十二日に発表されたイギリスの調査会社ユーガブによる調査でも、原爆投下は「正当だった」と答えたアメリカ人は四六パーセント、「不当だった」と答えたアメリカ人は二九パーセントで、「正当だった」が「不当だった」を上回っています。しかし、興味深いことに、調査対象者を三十歳以下に限定すると、この割合が逆転します。十八から二十九歳では、「正当だった」が三一パーセント、「不当だった」が四五パーセントで、「不当だった」と答える人のほうが多かったのです。なお三十から四十四歳でも、「正当だった」三三パーセント、「不当だった」三六パーセントで若干「不当だった」が上回りました。

アメリカの世論調査会社ギャラップが一九四五年に行った調査では、なんとアメリカ人の八五パーセントが原爆投下を支持しました。この頃に比べれば、原爆投下を評価しないアメリカ人が増えていることは明らかです。

近年、アメリカで原爆投下を問い直す新たな動きが出ています。

二〇一三年八月、広島と長崎を訪問したアメリカの映画監督オリバー・ストーン氏とアメリカン大学教授ピーター・カズニック氏は、

原爆に関して、我々は全てが間違っていることを発見した。(原爆投下についてアメリカでは)嘘をついたり、公式に否定したり、検閲したりしていた。トルーマン大統領は原爆投下の理由を、「狂信的に抵抗を続ける日本を降伏させ数十万の米兵の命を救うためだった」と繰り返し説明したが、実は全部嘘だった。

ドイツ降伏後、日本は和平を模索していた。アメリカが日本に原爆を落とした理由はソ連に衝撃を与え、本当のターゲットがソ連であることを分からせるためであった。

と語りました。原爆投下の当事国アメリカの知識人が、原爆投下は間違いだったとはっきり述べているのです。

また二〇一四年十二月には、ロシア下院議長でロシア歴史協会の代表を務めるセルゲイ・ナル

イシキン氏が、「一九四五年の広島長崎への原爆投下を人類に対する犯罪」と非難し、原爆投下を国際法の観点から見直す提案も行っています。

二〇一五年は第二次世界大戦終結七十周年であり、日本内外で原爆投下についてさまざまな議論が行われました。私もいくつかの議論に参加しています。五月に中国の南京、重慶《じゅうけい》を訪問して日本軍による犠牲者を追悼し、上海の復旦大学で「第二次世界大戦終結七十周年と広島・長崎への原爆投下再考」と題する講演を行いました。八月三日放送のドイツの第一テレビによるドキュメンタリー番組「NAGASAKI」の中で、なぜ長崎原爆に注目する必要があるのかをコメントする機会もありました。

本書は、そうした流れの中で生まれた、二人の平和学研究者による共著書です。第一部で、私（木村朗）が原爆投下の経緯・背景と核の戦後史の見方について重要なポイントを解説し、第二部で高橋博子さんがアメリカの公文書などを元に、核戦略の核心、放射能汚染やヒバクシャに対する日米両政府の対応の実態について明らかにしていくという構成で話を進めていきます。高橋さんは、アメリカ国立公文書館に通い詰め、原水爆実験や、広島、長崎の被爆者調査について、アメリカの政策決定者たちがいかに不都合な事実を隠蔽《いんぺい》しようとしてきたのかを丹念に調査してこられた研究者です。

第一部、第二部それぞれに「講義篇」を設け、私たちそれぞれの自己紹介と、基本的な問題意識を述べ、その後、Q&A形式で具体的な問題を考える構成になっています。

核兵器にまつわる歴史を主に扱っていますが、決してこの歴史は過去のものではなく、福島第一原発事故に直接つながっていることに読者の皆さんは気づかれるでしょう。そして、この原発事故後の将来を考えるうえで、核兵器の歴史の知識が欠かせないこともご理解いただけると思います。

なお「核の戦後史」の起点を、第二次大戦中にはじまったマンハッタン計画に置いたのは、実質的には「戦後」がはじまったのは原爆開発からであると考えているからです。

二〇一五年十二月八日　開戦記念日を迎え　木村　朗

核の戦後史――Q＆Aで学ぶ原爆・原発・被ばくの真実　目次

はじめに　1

第一部　原爆投下と戦後史の謎Q＆A……11

講義篇　原爆投下から戦後ははじまった　12
原爆投下と戦後史の謎　15／原爆投下を正当化する政治指導者たち　17／オリバー・ストーンらのアメリカ史　20／原爆投下を招いた日本　23

①　広島では十四万人、長崎では七万人が原爆によって亡くなりました（一九四五年十二月までに）。戦争中とはいえ、なぜこれほどの威力のある兵器が使われたのですか？　25

日本軍による無差別爆撃　27／無差別爆撃の思想　30／裁かれなかった重慶爆撃　33
／正義の戦争？　34／核戦争の恐れ　36

② 原爆神話とは何ですか？　39
早期降伏説のウソ　42／譲れなかった国体護持　43／国体護持を認めていた草案　47
／ソ連参戦の衝撃　49／遅らされた降伏　54／人命救済説のウソ　55

③ ドイツ降伏後もなぜアメリカは原爆開発を続け、日本へ原爆を投下したのですか？　47
一九四三年五月に日本が原爆投下目標に　58／報復の恐れ　61／物理学の中心地　64
／ドイツの原爆開発　67／ソ連への威嚇　69／報復と実験　72

④ 「マンハッタン計画」とは何ですか？　74
打ち消される放射能の影響　78／マンハッタン計画のスタート　81／保健・医学部門の結成　86／グローバルヒバクシャ　88

⑤ 投下先として広島と長崎が選ばれたのはなぜでしょうか？　また、なぜ一発でなく、二発投下されたのでしょうか？　90
狙われる都市　91／二発の理由　95／三発目以降も準備　98／新型兵器の実戦使用と人体実験　103

⑥ 日本は、なぜポツダム宣言を「黙殺」したのですか？　すぐに受諾して降伏していれば、

原爆投下はなかったのでは？　106
短波放送で伝達　106／ソ連、参加せず　107／出し抜かれたスターリン　113／天皇制容認条項の削除　114／「ノーコメント」が「拒否」に　116

⑦ 結局、日本が降伏した要因は何だったのですか？　120
悪化するアメリカとソ連の関係　121／書き直されたポツダム宣言草案　123／ソ連参戦の前倒し　126／ソ連参戦の衝撃　128／降伏の要因　129／原爆投下はある種の日米合作　135

第二部　核体制と戦後日本Q&A

第二部　核体制と戦後日本Q&A……139

講義篇　機密解除文書から原発と核兵器推進体制の闇に迫る　140
ヒントはアメリカの公文書　143／マッカーシズム　145／原爆報道の特異性　147／公文書館に通い詰める　149

① 原爆投下に対して、日本政府はどのような対応を取ったのですか？　152
山本太郎議員の国会質問　153／日本政府の抗議文　154

② アメリカは、なぜ原爆による残留放射能の存在を認めなかったのですか？ 157
初期の原爆報道 158／バーチェットのスクープ 159／ファーレル声明 162／ファーレル声明の根拠は、日本側の調査 162／上空で爆発したから安全なのか 169／プレスコード 171

③ 内部被ばくは、人体にどのような影響を与えますか？ 174
アルファ線とベータ線で内部被ばく 175／入市被爆 177／さまざまな放射線 179／内部被ばくの被害 182／原爆訴訟で次々敗訴する日本政府 183

④ アメリカは戦後、広島、長崎に調査団を派遣して被爆地を調査しました。どんな目的で何を調査したのですか？ 186
変遷する放射能による死者数 189／公表延期された原爆影響報告書 191／『もはや隠れる場所なし』 195

⑤ ABCCが、被爆者をモルモット扱いしたと言われるのはなぜですか。どんな調査をしたのですか？ 198
ABCCの情報収集方法 199／軍人の働きかけで誕生 200／核テロ対策に使われる被爆者標本 206

⑥ 一度に一〇〇ミリシーベルト以下の被ばくなら体に影響がないと聞きました。どうして

一〇〇ミリシーベルトなのですか？　209
着手された残留放射能調査　212／ウッドベリーの提案　215／敵視された調査報告　218／統合研究計画　220／寿命調査（ＬＳＳ）　211／ＬＳＳの問題点　223／初期放射線しか考慮しない線量推定システム　226／福島第一原発の被災の評価には役立たない　228

⑦　国際原子力ムラとは何ですか？　230
ＬＳＳの説明能力　232／福島で増加する小児甲状腺がん　234／ＩＡＥＡ報告書　236／ＩＡＥＡの助言に従って避難指示解除　238／ＩＡＥＡの設立経緯　240

⑧　日本は、国際原子力ムラの意向には逆らえないのでしょうか？　242
Ａ級戦犯の釈放・仮釈放問題と第五福竜丸事件　243／把握していた高レベル放射能汚染　246／第五福竜丸事件　248／ＣＩＡによる調査　250／迅速な和解へ　251／見舞金で「完全な解決」　253／久保山愛吉さんの死因　255／放射性降下物の調査「プロジェクト・サンシャイン」　256／「プロジェクト四・一」　260

おわりに　265

付録　関連年表　272／参考文献　276／索引　283

凡例

- 引用中の〔　〕内は編集部が補った言葉。傍点、太字も編集部がつけたものです。
- 崩壊する物質が出す素粒子や電磁波を「放射線」、物質が放射線を出して崩壊する性質を「放射能」、放射能を持つ物質を「放射性物質」と呼びますが、本書では、放射能と放射性物質を区別せずに用いました。
- 放射線にさらされることを「放射線被曝」または「被曝」と呼びますが、本書では、核爆発による爆風を伴う放射線被曝を「被爆」、被爆に加えて原発事故などで放出された放射性物質や、医療目的によるX線撮影などによる「被曝」を含む場合を、「被ばく」としました。

第一部

原爆投下と戦後史の謎 Q&A

講義篇

原爆投下から戦後ははじまった

Q&Aに入る前に、核の戦後史をめぐる、私の基本的な考えをお話しておきましょう。その中には、みなさんが疑問に思われる点もあるはずです。それら疑問点については、後のQ&Aのコーナーで突っ込んだ説明をしていきたいと思います。

この本で最初に取り上げるのは、原爆投下問題です。アメリカは広島に一九四五年八月六日、その三日後の九日、長崎にそれぞれ原子爆弾を投下しました。今（二〇一五年）から七十年も前の出来事です。

私は一九五四年生まれですので、同時代の出来事として原爆投下を知っているわけではありません。しかし、幼い頃から原爆には浅からぬ縁を抱いてきました。というのも、私が高校を卒業するまで過ごした小倉（福岡県北九州市）は、アメリカ軍が二発目の原爆を投下する第一目標だったからです。

もし、あの八月九日の朝、小倉の空が雲に覆われず、視界不良でなければ、長崎ではなく小倉の上空で原爆が炸裂したはずです。

小倉城周辺は私たちの遊び場でした。城を有する勝山公園の一角に「長崎の鐘」（長崎の平和公園内に設置された鐘のレプリカ）が設置されてあります。小倉と長崎にどんな関係があるのだろうと疑問に思っていたところ、後で大人からその由来を聞かされました。

勝山公園（北九州市小倉北区）に設置された「長崎の鐘」のレプリカ。（著者撮影）

とても複雑な気持ちになりました。長崎に二発目の原爆が投下された八月九日当時、私の母親は小倉に住んでいたので、二発目の原爆が予定通り小倉に投下されていれば、私はこの世に生まれてこなかったでしょう。あの日、小倉に原爆が落とされなかったから、自分は今、ここにこうして生きている。

しかし、その原爆は長崎に落とされ、多くの人が亡くなった。この経緯を知って、子どもながら自分の運命の不思議さを思わざるを得ませんでした。今でも複雑な気持ちになります。この気持ちが私の原爆投下問題を考えるときの原点です。

ちなみに、八月九日当日の小倉の上空が曇っていた原因について、これまでは前日に行われた空襲で残った煙によると考えられてきました。しかし、この「曇り」には、人為的な側面もあった可能性を二〇一四年七月二十六日付の毎日新聞が報じています。八幡市（現北九州市）の八幡製鉄所（当時）の従業員が「（敵機襲来に備えて）コールタールを燃やして煙幕を張った」と証言したのです。広島が新型爆弾で攻撃された情報を捉え、次は小倉が狙われると予想した人たちが、煙幕を張って敵機の攻撃を防ごうとしたわけです。その記事によると、元従業員の一人、宮代暁氏は、「煙幕で長崎の人たちに迷惑をかけることになったんじゃないかという気持ちが、ずっとあった」といい、苦しい胸の内を明かしています。

もう一本、私と原爆投下問題とを個人的につなぐ糸があります。

私は九州大学大学院の法学研究科博士課程に在籍していたとき、一九八五年九月から約二年間、旧ユーゴスラビアのベオグラード大学政治学部に留学しました。留学の目的は、社会主義国の現状や民族問題などについて学ぶことでした。

その頃、ある映画のエキストラ募集の話が私のところに舞い込んできました。原爆が投下される直前の広島に暮らす日本人の一人として出てほしいというのです。ロケ地はリエカ（クロアチア）。行ってみると、日本風の家屋のセットが用意されていました。

私が出演したのは、『黙示録１９４５　ここに核の全てがある』（監督アラン・イーストマン／ジャン＝フランソワ・デュラス）というカナダとフランスの合作映画です。マンハッタン計画をドラマ化した連続テレビ映画でした。

マンハッタン計画は、アメリカによる原爆製造計画として知られています。ロバート・オッペンハイマー、エンリコ・フェルミ、レオ・シラード、エドワード・テラーなどの著名な科学者が参加し、作業員を含めて最大で十二万人を動員した巨大プロジェクトでした。映画にはこうした科学者や、プロジェクトを率いたレスリー・グローブズ、当時の国務長官ジェームズ・バーンズらが実名で——もちろん役者が演じているのですが——多数登場し、原爆の開発着手から投下までの経緯が、おおむね史実に沿って描かれています。私が原爆投下問題に関心を持ったきっかけの一つがこの映画へのエキストラ体験でした。

■原爆投下と戦後史の謎

原爆投下問題の中には、今日の日本が直面する政治的、社会的謎を解く鍵が秘められています。

それが、七十年前、広島と長崎を襲った核兵器の惨禍《さんか》の意味を今あらためて考えてみたい最大の理由です。原爆投下を、第二次世界大戦中、最後の出来事の一つとして捉える人は多いと思います。しかし、原爆投下を戦中の出来事と見なすだけでは、十分ではありません。むしろこれを戦後の最初の出来事と考えた方が、戦後史の見通しがずいぶんよくなります。

たしかに原爆が落とされたのは、日本が降伏する一週間ほど前、つまり、戦争の最中でした。この歴史的事実を打ち消したいわけではありません。しかし、原爆投下に至るアメリカの政策決

川内原子力発電所。2015年8月11日、東日本大震災以後では全国ではじめて1号機が再稼働し、同年10月15日には2号機が再稼働した。（共同通信社）

定者たちの発言記録をよく調べれば、これが日本の戦争を終わらせる軍事作戦というよりは、むしろ戦後を見すえた政治戦略だったことがわかるのです。

戦後は原爆投下とともにはじまった。この視点から、本書は、原爆投下問題を戦後史の出来事として説明してみたいと思います。そうすることで、日本が置かれている今の状況を読み解き、二〇一一年三月十一日の福島第一原発事故以来、多くの日本人が抱いている疑問に迫る手がかりが得られるはずです。

たとえば、こんな疑問です。

被爆国で、核の危険性をよく知るはずの日本で、なぜ原発政策が推進され、アメリカ、フランスに次ぐ世界第三位の原発大国になってしまったのか？

福島第一原発の大事故を受けて、被災国でもないドイツが脱原発に舵を切った中、原発事故の当事国で地震大国でもある日本はなぜ原発を止められないのか？　そしてなぜ再稼働を急いでいるのか？

内部被ばくによると考えられる健康被害が多数報告されているにもかかわらず、福島第一原発事故後、なぜ内部被ばくの影響は軽視されつづけているのか？

原爆投下問題を無視して、これらの疑問は解けないというのが私の考えです。

■原爆投下を正当化する政治指導者たち

原爆投下問題について、まず確認しておきたいのは、アメリカは過去七十年間、広島、長崎へ原爆を投下した行為を、一度も公式に謝罪したことがないという点です。「核のない世界」を宣言して（宣言しただけで）ノーベル平和賞を受賞したオバマ大統領を含めて、誰一人、「原爆投下は誤りであった」と語ったことはありません。それどころか、「原爆投下は何百万もの米国民の命を救った」（ブッシュ・シニア大統領、一九九一年）、「トルーマン大統領が下した原爆投下の決断は正しかった」（クリントン大統領、一九九五年）と発言しているように、原爆投下は（戦争を終結させたので）正しかった、と言いつづけているのです。

日本でも、二〇〇七年六月末に久間《きゅうま》章生《ふみお》防衛大臣（当時）がある講演の中で次のように述べて、原爆投下を容認しています。

あれ〔原爆投下〕で戦争が終わったんだという頭の整理で今、しょうがないなというふうに思っている。（略）勝ち戦とわかっているときに原爆まで使う必要があったのかどうかという、そういう思いは今でもしているが、国際情勢、戦後の占領状態などからすると、そういうことも選択肢としてはありえるということも頭に入れなければいけないと思った。

現役の大臣、しかも被爆地である長崎の出身議員によるこの発言は当時かなり話題になりました。久間氏の発言のすぐ後には、アメリカのロバート・ジョセフ国務次官（当時）が、

原爆の使用が戦争の終結をもたらし、連合国だけでなく、文字どおり日本人も含めた多くの命を救ったということに関しては、歴史家の意見が一致している。

と言っています。私はこの発言を聞いて、仰天してしまいました。特に驚いたのは、「歴史家の意見が一致している」という部分です。ジョセフ氏の認識が私の認識とはまったく逆だったからです。私の考えはこうです。

原爆の使用が戦争の終結をもたらし、米軍を中心とする連合国軍兵士だけでなく、日本人も含めた多くの命を救ったということが事実ではなくて神話であることについては、多くの歴史家の

意見が一致している。さらに言えば、原爆投下で終戦が早まったのではなく、むしろ原爆の開発と投下のために戦争は意図的に引き延ばされ、その結果、犠牲者の数も増えたというのが真実である。

久間氏やジョセフ氏のような認識をもつ人は、アメリカだけでなく日本でもいまだに少なくありません。そのよりどころとなっているのが、アメリカ側の原爆投下についての公式見解です。アメリカ政府は、戦後一貫して、日本を早期に降伏させるには原爆投下以外の選択肢はなかった、原爆投下によってアメリカ兵だけでなく、多くの日本人、アジア人の命が救われたと説明してきました。**原爆投下によって、「早期降伏」と「人命救済」が達成されたという説明です。**ジョセフ氏の見解も、この説明をなぞったに過ぎません。

しかし、これが誤りであることは、戦後に明らかにされたいくつもの資料によってほぼ完全に証明できます。早期終戦説と人命救済説に何の根拠もないどころか、これらの説はアメリカ政府によって作られた「神話」だったことが、複数の歴史家たちの丹念な調査によって裏づけられているのです。

それにもかかわらず、いまだに「原爆神話」は消えていません。それどころか、二〇〇一年九月十一日の九・一一事件、それにつづくアフガニスタン・イラク戦争以降、原爆投下を含めて、過去の紛争、戦争でのアメリカの行為はすべて正義であったと考える「アメリカ例外主義」、ネオコンたちの都合のいい意見がまかり通るようになってきました（ネオコンとは、敵対国を挑発し、武力行使も辞さない政治姿勢を持つ人々のことで、アメリカ第四十三代大統領ジョージ・W・ブッシュ政権の外交政策に大きな影響を与えました）。

■オリバー・ストーンらのアメリカ史

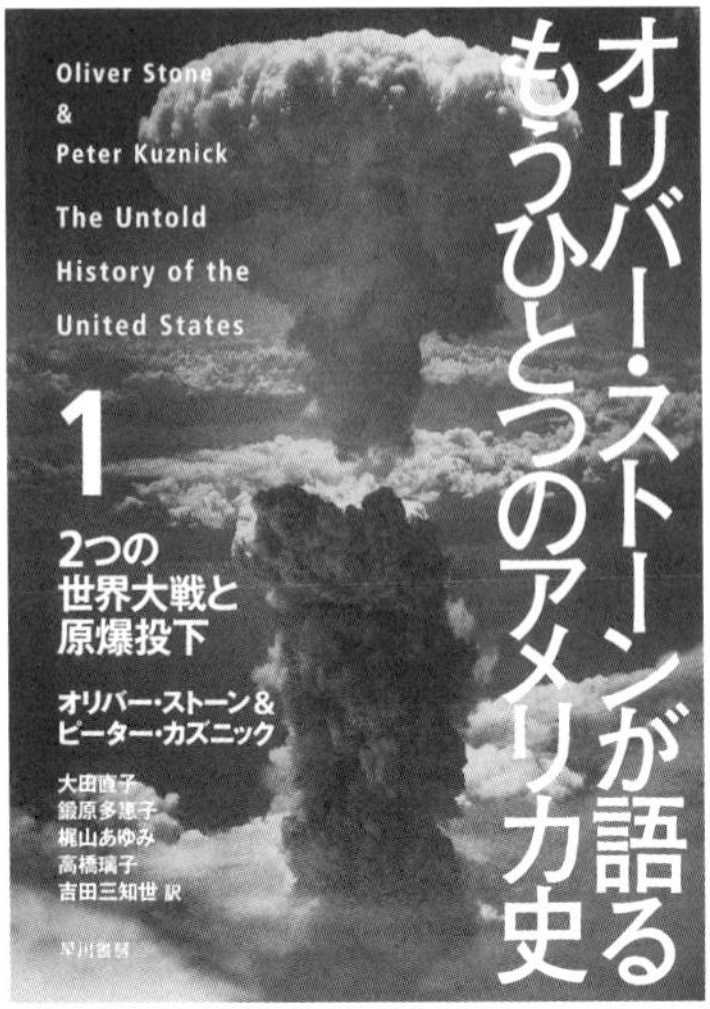

『オリバー・ストーンが語るもう一つのアメリカ史』（早川書房）

一方、アメリカでは、このような傾向を心配する人も出てきています。代表的なのが、『プラトーン』『7月4日に生まれて』『JFK』『ニクソン』などの作品で知られる社会派映画監督のオリバー・ストーン氏でしょう。オリバー氏はアメリカン大学教授のピーター・カズニック氏とともに、ドキュメンタリー作品『The Untold History of the United States』を制作しました。十二時間に及ぶ大作で、二〇一二年に公開され、日本でもNHK BS1で『オリバー・ストーンが語る　もうひとつのアメリカ史』と題して放映されています。同名の共著もアメリカ、日本で刊行されています。

2013年8月8日シンポジウム「アメリカ史から見た原爆投下の真実」（2013年8月8日、長崎・出島交流会館）

その中で彼らは「アメリカは例のない強大な力をふるって他を圧倒し、世界の覇権国家となった。その道のりは、誇るべき成果と忌まわしき幻滅の歴史である」として、「アメリカが犯した過ちに目を向け、アメリカが自らの使命に背いたと思える事例にスポットライトを当てたい」と、映像及び著作の意図を説明しています。彼らの心配の種は、「アメリカが帝国としてふるまってきたことや、その過去が現在の政策のありようを決めていることをアメリカ人が頑《かたく》なに認めようとしない点」にあるのです。

二人は、二〇一三年の夏、来日して広島市、長崎市、沖縄県などを訪れ、原爆資料館など歴史資料館を積極的に見学するとともに各地の集会に参加して講演しました。彼らの活動は多くのメディアで取り上げられたので覚えている方も多いでしょう。私にとって印象深かったのは、八月八日に長崎の出島交流会館で開催されたシンポジウム「アメリカ史から見た原爆投下の真実」です。このシンポジウムには私もパネラーの一人として出席して、二人に原爆投下問題について質問しました。

ストーン氏は、明確に語りました。

「アメリカでは、原爆投下が成功だと語られているが、それは神話に過ぎない。一般的なアメリカの高校生は、原爆投下が戦争を終わらせた、と教えられている。一九四五年に起きた本当のことを教えられていない。戦争を終わらせたのは原爆ではない」、「〔広島への〕一発目でも軍事的に見ても必要のないことだった。……長崎への投下は、もちろん必要のないことだった」

それでは、軍事的には必要がないのに、なぜアメリカは原爆を投下したのか。カズニック氏は、こう説明しました。

アメリカは〔日本が〕降伏寸前だということを知っていた。アメリカはソ連への威嚇《いかく》として原爆を投下したのだ。

これが、「**原爆外交説**」といわれる見方です。つまり、**ソ連を威嚇し、戦後のアメリカの外交を有利に進めるために、日本への原爆投下を利用したという見方です**。別の言い方をすれば、原爆を実際に使って膨大な死傷者を出すことで、ソ連に対して「いざとなれば我々は原爆使用を躊《ちゅう》躇《ちょ》しないので逆らうな」というメッセージを暗に示したということです。

原爆外交説は、アメリカの歴史家ガー・アルペロヴィッツ氏などが早くから唱えてきた、原爆投下問題の真相に迫る有力な説で、これまでに資料的な裏づけもかなり進んでいます。私も、アメリカが原爆を使用したのはソ連を威嚇する目的があったことには同意できます。ただし原爆外交説だけで、原爆投下問題は片付かないとも考えています。それについては後で詳しく説明しましょう。

■原爆投下を招いた日本

さて、私もストーン氏らと同じように、核をめぐる戦後史について、アメリカ政府の公式見解とは異なる歴史観をこれから述べていこうと思っています。しかし、アメリカが悪いという一方的な見方に終始するつもりはありません。

早い時期に敗戦を予想できたにもかかわらず、大規模な本土空襲、悲惨を極めた沖縄戦、そしてポツダム宣言の発表後にも直ちに降伏することができず、戦後はアメリカ政府の言いなりになってきた日本政府の姿勢についても明らかにしていくつもりです。

また、日本軍による近隣のアジア諸国の人たちへの残虐行為にも目を背《そむ》けないようにするつもりです。先のシンポジウムで、ストーン、カズニック両氏の来日をコーディネートした乗松聡子《のりまつさとこ》氏（カナダの平和教育団体「ピース・フィロソフィー・センター」代表）は、「我々は自国の歴史の暗部を直視する姿勢を、彼らから学ぶべき」と指摘しました。まさにその通りだと思います。

❶

広島では十四万人、長崎では七万人が原爆によって亡くなりました（一九四五年十二月までに）。戦争中とはいえ、なぜこれほどの威力の兵器が使われたのですか？

原爆の破壊力が他のどんな兵器をも圧倒しているのはたしかです。しかし、東京大空襲の死者がどれくらいか知っていますか。たった一夜にして約十万人です。被災者は百万人以上。一九四五年三月十日未明、アメリカ軍は、三百三十四機もの爆撃機B－29を投入して、墨田区、江東区、台東区など下町一帯を大量の焼夷弾《しょういだん》で焼き払いました。焼夷弾とは、焼夷剤と呼ばれるよく燃える化学物質をつめこんだ爆弾で、通常の爆弾のように爆風によって対象物を破壊するのではなく、燃やして破壊するタイプの兵器です。これが三月十日だけで、約三十三万発も投下されました。

広島、長崎への原爆投下作戦のために出現したB－29はそれぞれ六機、そして投下された爆弾の数はそれぞれ一発ですから、東京大空襲の編隊の規模、爆弾投下量に比べればはるかに小さい。つまり、それだけ原爆一発の威力が大きいということです。

しかし、空からの攻撃（テロ）によって数万、十数万単位の犠牲者を生んだという点では、東京大空襲も、広島、長崎への原爆投下も共通しています。そして、いずれもその犠牲者のほとん

東京大空襲の惨状。焼け野原となった跡地にバラックを建てて生活する人たち。1945年5月、東京都内（共同通信社）

どは一般市民でした。

東京以外にも、名古屋、大阪、京都、神戸など主要都市をはじめ、地方都市に対しても大規模な空爆が行われ、それぞれ多くの犠牲者（六十六都市で死者約四十万、負傷者約百万人ともいわれています）が出ています。また、日本がすでに「ポツダム宣言」を受諾《じゅだく》する意向を示していた八月十四日、十五日の時点でも、大阪、岩国、徳山、伊勢崎、桐生、熊谷、小田原などの諸都市に対してB－29や艦載機などで空爆を続けています。

ドイツに対しても激しい空爆が行われました。アメリカ軍は、イギリス軍とともに一九四三年七月にハンブルク、一九四五年二月、ドレスデンに空から無数の爆弾を浴びせ、それぞれ数万人の死者を出しました。

このように一般市民に対する無差別爆撃は、

原爆投下以前から何度も行われていたのです。原爆投下だけが突出して見えるかもしれませんが、原爆投下と一般の無差別爆撃を切り離して考えないほうがいいでしょう。**原爆投下はあくまでも無差別爆撃の延長線上にあると捉えるべきです。**

■日本軍による無差別爆撃

無差別爆撃は、アメリカやイギリスなど連合国の専売特許ではありません。むしろ、その先鞭《せんべん》をつけたのはヨーロッパではドイツ（後で述べるゲルニカ爆撃がその象徴）、アジアでは日本でした。

二〇〇四年七月から八月にかけて中国でサッカーのアジアカップが開催されました。この大会で、日本代表チームや日本人サポーターに中国の人々から反感の目が向けられたことをご記憶の方もいらっしゃるかもしれません。特に激しかったのが重慶《じゅうけい》での日本対ヨルダン戦です。国歌斉唱中、日本人サポーターへブーイングが浴びせられるだけでなく、ゴミや食べ物まで投げつけられたのです。なぜ日本人に重慶の人々はこれほどの反感・敵意を示されたのでしょうか。

重慶の人々の日本人に対する反感の根っこにあるのが、かつて日本軍から空爆を受けた記憶です。

一九三七年七月、盧溝橋《ろこうきょう》事件をきっかけに日本と中国（中華民国）の本格的な武力衝突がはじまりました（日中戦争）。日本軍の猛攻を受け、南京（江蘇省）、武漢（湖北省）が陥落した後、蔣介石《しょうかいせき》ら国民党政府は首都機能を南京から重慶（四川省）へ移します。一九三七年十一月のことでした。

重慶は、長江上流の中国内陸部の奥地に位置します。そのため日本軍は兵を送り込む代わりに、航空機を飛ばし、空から重慶を攻撃することに決めたのです。一九三一年九月十八日の満州事変以降、日本軍は錦州、南京、漢口（現武漢市の一部）、広東などを空爆していましたが、とりわけ規模が大きかったのが重慶爆撃でした。

一九三八年十二月から重慶爆撃ははじまりました。最初の攻撃作戦を担ったのは陸軍第一飛行団で、その命令書には、「飛行団は主力をもって重慶市街を攻撃し、蔣政権の上下を震撼せんとす」「目標は両戦隊共重慶市街中央公園、公安局、県政府を連ぬる地区内とし副目標を重慶飛行場とす」（防衛庁防衛研究所戦史室編『戦史叢書・中国方面陸軍航空作戦』朝雲出版社）とあります。つまり重慶爆撃は当初から、重慶市街、中央公園、県政府など、軍事施設以外の場所にも攻撃を加える無差別爆撃だったわけです。

都市に対する最初の無差別爆撃としてよく取り上げられるのは、ドイツによるゲルニカ爆撃です。重慶爆撃の一年以上前、一九三七年四月二十六日にナチス・ドイツはスペイン内戦中に、バスク地方の都市ゲルニカに対して爆弾を土地一面に撒《ま》き散らす「絨毯《じゅうたん》爆撃」を行いました。一夜にしてバスク地方の古都が廃墟にされた一報をパリで目にした画家パブロ・ピカソが怒りを込め、大作「ゲルニカ」（現在その一つが国連安保理会議場前に展示されています）を描いたことはよく知られています。

ゲルニカ爆撃は、世界初の都市無差別爆撃ですが、攻撃は一日で終わりました。それに対して、重慶爆撃は中断はあったもののなんと五年半も続きました。一九三八年二月から四三年八月までに二百回以上行われ、昼夜を問わず爆撃することもしばしばありました。もっとも爆撃が激しかったのは一九三九年から四一年の三年間で、一九三九年の「五・三、五・四」、一九四〇年の「一〇一号作戦」、一九四一年の「一〇二号作戦」・「六・五大隧道惨案」とそれぞれ呼ばれている爆撃では、重慶は甚大な被害を出しました。

重慶爆撃で焼け出された人々（共同通信社）

新鋭の「九七式重爆撃機」「九六式陸上攻撃機」などの最新の航空機、また開発されたばかりの焼夷弾「新四号」などが投入され、はじめは主として軍事施設が爆撃目標とされましたが、すぐに住宅地も狙われるようになり、多数の一般住民が殺戮《さつりく》されるようになります。後期には、爆弾が一面に撒《ま》かれる「絨毯爆撃」が行われました。爆撃による死者は一万一千八百八十九人、負傷者一万四千百人、破壊された家屋一万七千六百八戸とされています（私も報告者の一人として参加した中国・重慶市で二〇〇三年十二月に開催された「重慶爆撃六十五周年国際シンポジウム」での報告資料より）。

このことからもわかるように日本軍による重慶爆撃はアジアで最初の無差別爆撃であり、ゲルニカ爆撃よりもはるかに規模が大きく、期間も長期にわたり犠牲者も多かったのです。

■無差別爆撃の思想

実態は無差別爆撃でも、その攻撃をしかける側は、少なくとも対外的には、あくまで目標は軍事施設で、一般市民に犠牲が出たとしてもそれは誤爆であって意図的な攻撃ではないと強弁するのが常です。

一方、一般市民の犠牲が出てもかまわないとする考えもありました。特に有名なのが、イタリアのジュリオ・ドゥーエ、イギリスのヒュー・トレンチャード、アメリカのウィリアム・ミッチェルらの戦略爆撃論です。彼らは皆、軍人で、第一次大戦後、将来の戦争は航空戦によって勝敗が決まると予想し、自国政府に航空戦力の増強を求めました。

なぜ一般市民の犠牲が出てもいいのか。彼らの論理によれば、「爆撃機を駆使し、敵軍のみならず、敵国民全体を恐怖に陥れることで、一時的にはどれほど破壊的で多くの人命を奪う方法であろうとも、最終的には戦争を早期に終結させることができる」（田中利幸『空の戦争史』講談社現代新書）とのこと。一般市民に恐怖を与えれば、終戦を早め、より多くの犠牲を未然に防ぐことができるのだから、空爆による一般市民の犠牲は受け入れられなければならないというのです。あろうことか彼らは、長期的に見て空爆が人道的な方法であるとすら考えていました。このことは、原爆を「戦争を終わらせる兵器」とみなし、原爆投下が「慈悲深い人道的行為」であったとするアメリカの論理ともつながります。

この論理のおかしさを考えてみてください。これは、勝つためには手段を選ばないと言っているに過ぎません。非常に野蛮な戦略・戦術である無差別爆撃を、あたかも「人道的な方法」であるかのように語るのはすごく欺瞞《ぎまん》的と言わねばなりません。

重慶爆撃は世界各国から非難を浴びましたが、日本政府はこれを「戦政略爆撃」と名付け、あくまで軍事施設を狙った正当な攻撃であると主張していました。

当時、日本による中国の都市爆撃をとりわけ激しく非難していたのがアメリカです。一九三九年九月一日、ルーズベルト大統領は、フランス、ドイツ、イタリア、ポーランド、イギリスなど交戦国に向けて発信した要請文で次のように述べました。

フランクリン・ルーズベルト（1882-1945）。1933年から1945年までアメリカ大統領を務めた。（共同通信社）

ここ数年、地球上のあちこちで激しい戦争行為が続いている。その中、一般市民が住む、無防備な人口密集地の空からの爆撃が、何千人もの無力な男女、子どもたちを傷つけたり、殺害したりしてきた。容赦ない空爆は、すべての文明人を憤慨させ、人類の良心に深刻な衝撃を与えている。

世界が今直面する悲劇的な戦争の最中に、交戦国がこのように非人間的で、野蛮な行為に訴えなければならないなら、この戦争勃発に責任を持たず、罪もない何十万もの人々の命が失われることになるだろう。（略）そこで私は、戦争に参加する国の政府に対して、各軍がいかなる場合、いかなる状況でも、一般市民や無防備な都市を空爆しない取り決めを公的に確認するよう緊急に要請する。

まったく同感です。ただしルーズベルトは、アメリカが第二次世界大戦に参戦する前だから、堂々とこのような言い方ができたのでしょう。ドレスデン大空襲、東京大空襲の後に同じ発言はできなかったはずです。実際、この発言と対照的に、ルーズベルトは、前出『空の戦争史』によれば一九四四年八月、「我々はドイツ人に対して厳しくせまらなければならない。私が言うのはただナチ党員だけではなく、ドイツ人全体だ」と発言しています。

■裁かれなかった重慶爆撃

　ここまでの経緯を踏まえれば、戦後、戦勝国が日本の戦争犯罪を裁いた東京裁判（極東国際軍事裁判）において、重慶爆撃を裁かなかった理由がわかります。一九二三年にオランダ・ハーグの国際法律家委員会で採択された「空戦規則」第二十二条では、「文民たる住民を威嚇し、軍事的性質を有しない私有財産を破壊もしくは毀損し、または非戦闘員を損傷することを目的とする空爆は、禁止する」と定められました（ただし条約としては不成立）。

　重慶爆撃がこの空戦規則に違反することは明らかです。それにもかかわらず、アメリカ、イギリスなど連合国はこれを戦争犯罪に当たるとして起訴しなかった。いや、起訴できなかった。もし重慶爆撃を戦争犯罪として裁けば、東京大空襲はもちろん、広島や長崎への原爆投下も国際法違反として間違いなく指弾されることになったからでしょう。

　東京大空襲もドレスデン爆撃も、市民の大量殺戮を目的とした無差別爆撃でした。日本による無差別爆撃が戦争犯罪として裁かれるなら、それと同じ論理によって、アメリカの無差別爆撃も当然、戦争犯罪とされるはずです。アメリカはそんな事態は何としても避けたかった。だから、南京虐殺は起訴され、有罪とされたのと対照的に、重慶爆撃は訴因《そいん》から外されたのです。ドイツによるロンドン大空襲が、ドイツの戦争犯罪を裁いたニュルンベルグ裁判で訴因から外されているのも同じ理屈からでしょう。

■正義の戦争？

アメリカは、第二次世界大戦に対してこれまで一貫して「グッド・ウォー」、すなわち「良い戦争」、あるいは「正義の戦争」と位置づけてきました。

第二次大戦では、ドイツ、イタリア、日本などからなる枢軸国《すうじくこく》に占領され、苦しめられた国々を、アメリカ、イギリス、ソ連などからなる連合国が助け、戦後、解放しました。その成果を重視して、アメリカは、第二次世界大戦を、「民主主義（体制下の国々）」対「ファシズム（体制下にある国々）」の戦争であったとして、自分たち民主主義の国々の勝利に終わったと高く評価しているわけです。

第二次世界大戦に、そういう一面があったことはたしかです。しかし、その裏面として、「（先発）帝国主義国」対「（後発）帝国主義国」という対立の構図もありました。

アメリカは一八九八年にスペインと戦って勝利します。元々スペインの領土だったフィリピン、グアム、プエルトルコを軍事力で獲得して圧政を敷きました。これがアメリカが帝国主義国であることを示す例の一つです。

日本は、一八五八年の日米修好条約まで鎖国をつづけ、一八六八年の明治維新以来、富国強兵を掲げ、台湾（一八九五年）、朝鮮半島（一九一〇年）へ保有領土を広げていきました。日本もまたアジアではじめての帝国主義国だったわけです。

大英帝国としてアジア、アフリカ、北アメリカに巨大な植民地を築いたイギリスも帝国主義国であったことは言うまでもありません。アルジェリアやインドシナ半島を植民地としていたフランスも同様です。つまり、枢軸国に属する日本、ドイツ、イタリアだけでなく、連合国に属するアメリカもイギリスもフランスも、程度の差はあれ、軍事力によって領土拡張をめざしていた帝国主義国でした。しかし、アメリカは「民主主義国とファシズム国の戦争」という側面を強調して、第二次世界大戦が帝国主義国同士の戦争でもあったという側面を隠して、「正義の戦争」という評価を定着させようとしたわけです。

こうしたアメリカの無差別爆撃をめぐる戦前と戦後の主張の食いちがい、東京裁判、ニュルンベルク裁判で示したダブルスタンダードを考慮すれば、決して「正義の戦争」とは言えないことがおわかりになるでしょう。

何を裁いて、何を裁かないか。軍事裁判の訴因を、戦勝国の都合で決められてしまったために、戦後世界は大きな矛盾を抱えたままスタートすることになりました。

戦後、アメリカを盟主とする資本主義陣営と、ソビエト連邦を盟主とする社会主義陣営に世界は二分され、両陣営が対立します。米ソが直接対決することはなかったものの、朝鮮戦争、ベトナム戦争などの代理戦争を通じて、間接的に戦火を交えました。しかし一九八九年にはベルリンの壁が崩壊して、冷戦が終結。世界の人々はこれでようやく平和がもたらされると期待しました。ところが、一九九一年のアメリカ主導の多国籍軍による（第一次）イラク戦争、すなわち「湾岸戦争」によってすぐに平和ムードは壊されました。その後も、コソボ紛争、九・一一事件をきっかけにアフガニスタンへの報復戦争、（第二次）イラク戦争などの対テロ世界戦争（世界的規模での「テロとの戦い」）が、アメリカを中心に実施されてきました。

これらの戦争はいずれも国際法違反の侵略戦争（あるいは「不必要な戦争」）だと思いますが、アメリカは、かつてと同じ正当化の論理を根拠に、無差別爆撃をくり返しているのです。無差別爆撃によって、戦闘員の戦意を喪失させ、一般市民の敵国への抗戦意思も奪うことができる。そして、結果的に戦争を短期間で終結させ、犠牲者を最小限に抑えられるから正しいのだというわけです。その最新の形態が、無人航空機ドローンを使った攻撃です。

この屈折した論理・へ理屈を否定しない限り、戦争は無限に続くことになりますし、最悪の場合、将来の核戦争を招くことにもなりかねません。

■核戦争の恐れ

核戦争なんてあり得ないんじゃないかと思われる方も多いでしょう。しかし、アメリカの元国防長官であるレオン・パネッタ氏が二〇一四年十月に出した回想録『価値ある戦い（Worthy

Fights)』の中に驚くべき記述があります。

パネッタ氏は、二〇一〇年にCIA長官として訪韓しました。当時、在韓米軍司令官シャープ氏から有事における作戦計画について、「北朝鮮が〔韓国との〕境界線を越えてくれば、米軍の司令官が米軍と韓国軍を指揮して韓国を防御する。必要ならば、核兵器の使用も含まれる」という説明を受けたというのです。**アメリカは戦後世界において核の先制使用の権利を放棄したと言ったことはありません。**

二一世紀になって登場したブッシュ・ジュニア政権は、ミサイル防衛構想の推進と並んで、核兵器先制使用を前提に、必要であれば「先制攻撃」によって敵対する国の「体制転換（政権打倒）」を圧倒的な武力によって実現するという、「ブッシュ・ドクトリン（予防戦争・先制攻撃戦略）」を打ち出しました。オバマ政権の要職を担った人物が、核の先制使用の可能性をはっきり認めたことは、現在のオバマ大統領も核兵器先制使用という危険な戦略・方針を継続していることを意味します。

アメリカの科学誌「ブレティン・オブ・ジ・アトミック・サイエンティスツ」は二〇一五年一月二十二日、「終末時計」の針を二分進めたと発表しました。

終末時計は、地球滅亡＝午前〇時までの残り時間を象徴的に示す時計です。一九四七年以来、同誌は毎年、この時計の針を進めたり遅らせたりしてきました。アメリカとソ連の核軍拡競争が激しさを増し、両国が水爆実験を行った一九五三年には残り二分となり、最も滅亡に近づきましたが、冷戦が終結し、ソ連が崩壊した一九九一年には残り十七分まで滅亡から遠のきました。しかしそれ以降、少しずつ滅亡に近づき、二〇一五年、ついに時計の針は午後十一時五十七分まで進み、冷戦期の一九八三年以来、再び残り三分となったのです。同誌は、三年ぶりに終末時計の針を進めた要因として、核軍縮が停滞する一方、核兵器の近代化が続いていることを挙げています。

　このように無差別爆撃の延長線上にある原爆投下問題は、現在の核戦略とも密接なつながりをもっているのであって、決して遠い過去の話ではないのです。

❷ 原爆神話とは何ですか？

原爆神話とは、簡単に言えば、日本への原爆投下は正しかったと見せかけるため、アメリカが戦後に作った虚構、つまりウソの物語です。戦後の日本政府もこの原爆神話を一度も公式に否定したことはありません。

なぜウソといえるのか、これから詳しく語っていきたいと思いますが、まず原爆神話の中身を紹介しましょう。

この原爆神話は、原爆投下の目的・動機と結果・影響の二本柱から成り立っています。まず原爆投下の目的・動機ですが、それは早期降伏説と人命救済説という二つの説を重ね合わせたものです。

早期降伏説　原爆を投下したのは、日本を早く降伏させるためだった。実際、原爆投下がなければ日本は降伏しなかった。

人命救済説

もし原爆を投下しなければ、アメリカ軍の日本本土上陸によってアメリカ兵に百万人以上の死傷者が出た。原爆投下によって、犠牲になるはずの多くのアメリカ兵、日本人の命は救われた。

この二つの説を唱えた代表的な人物がヘンリー・スティムソンで、一九四〇年七月から一九四五年九月まで陸軍長官を務めました。軍人ではなく、弁護士出身の文官です。マンハッタン計画（原爆開発計画。詳しくはQ＆A④⇩74ページ）の総責任者レスリー・グローブズ将軍を監督する立場にあり、原爆開発から投下目標の決定まで、重要な課題に深く関わりました。

スティムソンは終戦から二年後、月刊誌「ハーパーズ・マガジン」の一九四七年二月号に論文を発表します。その中で、「もし原爆が使用されず、米軍の日本本土上陸作戦が実行されていたならば、甚大な被害が想定され、アメリカ兵の犠牲者だけでも百万人にのぼると推定されていた」という見解を表明したのです。

さらに一九五五年にはトルーマンが回顧録を発表して、「〔陸軍参謀総長の〕マーシャル将軍は、敵本土に上陸して屈服させれば、五十万の米国民の生命を犠牲にすると語った」と述べました。

百万人か五十万人か、数は一定していませんが、いずれにしてもものすごい人数です。スティムソンがこの論文を書いた時点で、広島、長崎の原爆投下による死者数はあわせて二十数万人と考えられています。アメリカで犠牲者といえば、死者だけでなく負傷者も含まれるので単純比較はできませんが、スティムソンのいうことが本当なら、広島、長崎の死者よりはるかに多くの死者が出ることを、原爆は未然に防いだことになります。

原爆は多くの人を救った人道的な兵器なのだから、原爆投下は正当化できる。これが原爆神話の一つのポイントです。スティムソンの説は当時のアメリカ国民に歓迎され、「やっぱり、原爆投下は必要だったんだ」という認識が生まれるきっかけになりました。そして、アメリカ政府は今でも、早期降伏説と人命救済説を公式見解として掲げていますし、多くのアメリカ国民もこれを真実として受け入れているのです。

しかし、戦後史の研究者の中で、現在、この見解を信じる人はほとんどいません。戦後、スティムソンの日記や、トルーマンのメモをはじめ、政治家や政府高官の文書がアメリカ国立公文書館から公開されました。今なお秘密にされたままの文書もありますが、研究者や市民グループが情報公開法を根拠に公開を迫って明らかにされたものもたくさんありま

ヘンリー・スティムソン（1867-1950）。1940年から45年までアメリカ陸軍長官を務めた。（アメリカ議会図書館）

ハリー・S・トルーマン（1884-1972）。1945年から53年までアメリカ大統領を務めた。（アメリカ国立公文書館）

す。そうした情報から、早期降伏説と人命救済説が神話に過ぎず、虚構であることがほぼ証明できるのです。これからその証拠をお見せしましょう。

■早期降伏説のウソ

まず早期降伏説の真偽について考えてみましょう。本当にアメリカは日本を早く降伏させるために原爆を投下したのでしょうか。

実は**アメリカは原爆投下のずっと前から、日本が降伏したがっていることを知っていました。**アメリカは日本の外務省が使用していた暗号を傍受して、日本がソ連に対してアメリカとの和平交渉を仲介してほしいと何度も打診していることをつかんでいたのです。アメリカ陸軍省によって傍受され、解読されたこの情報は「マジック報告」と呼ばれ、大統領や一部の政府高官に回覧されていました。

たとえば、原爆投下の一年前の一九四四年八月十一日のマジック報告には、次のように記されています。

重光外相は、ロシアに和平交渉の仲介をする意思があるかどうかを確かめるように「モスクワ駐在の」佐藤大使に指示した。（略）日本が直接ロシアに対して和平の用意があるという意思を示したのは初めてのことだ。

この時期、日本軍はアメリカ軍と死闘の末、七月九日にサイパンの戦いで敗れ（全滅）、その責任を取って東条英機内閣が七月十八日に総辞職していました。アメリカ軍に占領されたサイパン島には航空基地が整備され、B－29による本土空襲の足場となります。こうした苦境の中で、ソ連に和平交渉の仲介の話を持ちかけたわけです。さらに日本はソ連だけでなくスウェーデン、中国、スイス、ポルトガルの日本大使館を通じて、和平交渉を進めようと活動し、その情報がすべてアメリカに筒抜けでした。

■譲れなかった国体護持

打診の中身はどういうものだったのでしょうか。日本側の最大の望みは、国体の護持、つまり、天皇が戦争犯罪人として処刑されたり裁判にかけられて処罰を受けたりせず、終戦後も天皇制を存続させることでした。一九四五年に入り、三月の東京大空襲、四月の沖縄戦と戦局がどんどん悪化する中、日本は、国体護持以外のあらゆる条件はアメリカの言う通りにするというメッセージを発するようになっていきます。何はともあれ国体護持だけは譲れない一線だったのです。

五月五日には、ドイツ海軍武官によって東京からベルリンに宛てて送信された次の電文が傍受されました。

〔日本の〕海軍参謀本部の有力者は私に以下のことを知らせた。戦況は明らかに絶望的とみられることから、日本軍の大部分が、少しでも名誉を与えられるなら、たとえ条件が厳しくとも、アメリカの降伏要求をうとんじることはない、と。

それから二カ月後の七月七日、今度は、駐スウェーデンのアメリカ大使から、国務長官（ジェームズ・バーンズ）へ、次のような報告がなされました。

ジャップ〔日本人の蔑称〕はすでに敗戦を認めていると、ジャップの武官、小野寺〔信〕少将は言明した。小野寺（略）は、天皇は降伏後もそのまま維持されなければならないと述べた。その他に降伏の条件は具体的に示されなかった。

降伏を模索する日本の動きは、「平和の打診」と呼ばれて、アメリカの政府高官や指導者たちに報告されていました。しかし、アメリカは日本と和平交渉を進めることも、降伏勧告を出すこともなく、この打診を無視しつづけました。

なぜでしょうか。天皇の処罰がアメリカにとってどうしても譲れない条件だったからでしょうか。

そんなことはありません。アメリカ軍の統合参謀企画部は、一九四五年四月二十五日に次のように報告しています。

「無条件降伏」は日本人に理解できるようにその意味を明確にすべきである。滅亡させたり国家的自殺に追い込もうとしているのではないことを日本人に納得させなくてはならない。（略）日本人が受け入れられるように無条件降伏を定義できなければ、全滅に代わる選択肢はないし、完全な敗北の脅威が降伏をもたらす見通しもない。

当局者たちは、もし天皇を処刑または処罰するようなことがあれば、日本軍は最後の一人になるまで戦い抜くことになることを知っていたのです。

彼らは仮に天皇制を残したとしても、降伏後の日本を占領するうえで障害とはならないことも知っており、天皇が勅語《ちょくご》を出すことで速《すみ》やかに武装解除が進むだろうとも予測していました（実際にその通りになりました）。さらに、当時ヨーロッパで急速に広がりつつあった共産圏が、アジアまで飲み込んでしまうことを彼らは恐れていましたが、天皇が共産主義革命に対する防波堤の役割を果たすだろうと予測していました（これも実際にその通りになりました）。

高官たちは何度もトルーマン大統領に対して、降伏条件を明確化するように伝えています。戦後公開された公文書を読み解き、原爆投下にいたる過程を一日単位で丹念に分析したアメリカの歴史家ガー・アルペロヴィッツは、「ポツダム宣言の発表前にトルーマンがこの件〔降伏条件の明確化の件〕に関して何らかの形で個人的に働きかけを受けた機会が確認できるだけで一二回以上あった」(『原爆投下決断の内幕』ほるぷ出版)として、十四件の例を列挙しています。その中からジョン・マクロイ陸軍次官補による六月十八日の発言を取り上げてみましょう。

マクロイは、この日、トルーマンにこう言いました(一九六五年に製作されたNBC「白書」という番組の中でインタビューに答える形で、マクロイが当時の状況を説明しました)。

降伏条件について〔トルーマンから〕意見を求められたとき、彼らが望むなら立憲君主としてミカド〔天皇〕を保持することをはっきり提示する、と私は述べた。経済を存続させる機会として、日本に資源を支配はさせないが、利用する権利を与える。また、遠回りでわかりにくい手段によってではなく、威嚇《いかく》の手段によって原爆について具体的に言及することを要求した。

マクロイによれば、この進言に対してトルーマンは、「まさに私の考えていたとおりだ」と答えました。トルーマンが、降伏条件の明確化に理解を示したのはこの場面以外にも複数回確認されています。しかし、日本に降伏を促したポツダム宣言の文書中に、「降伏条件の明確化」=国

体護持は盛り込まれませんでした。その代わり、日本に突きつけられたのは、

十二、日本国国民が自由に表明した意志による平和的傾向の責任ある政府の樹立を求める。
この項目並びにすでに記載した条件が達成された場合に占領軍は撤退する。

というものです。「日本国民が自由に表明した意志による平和的傾向の責任ある政府」は、抽象的すぎて、天皇制に関する立場がはっきりしません。日本が求めていたのは、もっと具体的な表現でした。

■国体護持を認めていた草案

実は、ポツダム宣言の草案には、それが盛り込まれていたことが今ではわかっています。
陸軍長官スティムソンは、アメリカ代表団がドイツのポツダムへ向けて出発する直前の七月二日、トルーマンに「対日宣言案」を提出しています。その第十二項を見てみましょう。日本の統治形態について次のように記されています。

十二、連合国の占領軍は、われわれの諸目的が達成され、平和的傾向を持ち、日本国民を

代表する性格を備えた責任ある政府が、疑問の余地なく確立され次第、日本から撤収されることになろう。そうした政府が二度と侵略を企図《きと》することはないと世界が完全に納得するならば、これには現在の皇統の下での立憲君主制も含むものとする。

「現在の皇統の下での立憲君主制も含む」と明言されています。これなら誰でも間違いなく国体は護持されると理解できます。スティムソンはこの条項に関するメモとして、「現在の皇統の下での立憲君主制を、アメリカは排除するものではない旨を付け加えれば、〔対日宣言が〕受け入れられる可能性は相当増大するでしょう」と記していました。それにもかかわらず、実際のポツダム宣言では、「現在の皇統の下での立憲君主制を含む」という文言が削除されてしまったのです。しかも、マクロイが望んでいた、「遠回しな言い方や手段としてではなく、威嚇の手段としての原爆について具体的に言及する」こともしませんでした。

トルーマン大統領は、七月二十六日にポツダム宣言を発表しました。しかし、日本の鈴木貫太郎《かんたろう》首相は、これを「黙殺」。その約三週間後の八月六日に広島へ、九日に長崎へ原爆が落とされます。十日に「『天皇統治の大権を変更する』要求が含まれていないという了解の下に受諾《じゅだく》する」との意向を伝えた日本に対し、アメリカは、「バーンズ回答」で暗黙の了解を与え、十四日、日本は降伏するのです（詳しくはQ＆A⑦で述べます）。

結局、**アメリカは原爆投下「前」には認めなかった国体護持を、原爆投下「後」には認めまし**

た。この経緯を見れば、アメリカは原爆投下によって日本の降伏を早めたのではなく、日本の要求（国体護持）を受け入れるのを原爆投下まで引き延ばしたと考えざるをえません。これが早期降伏説が間違いであることの根拠の一つです。

■ソ連参戦の衝撃

国体護持を認めることの他に、もう一つ、アメリカは、日本を早期降伏に導く確実な手段をつかんでいました。

ソ連の対日参戦です。一九四五年二月三日、イタリア駐在武官の清水盛明少将による次のような電文を、マジックは報告しています。

> 日本はかつてない困難に直面している。ドイツが降伏すれば、強大なイギリスとアメリカに単独で立ち向かわなくてはならなくなる。われわれのつまずきによってロシアを敵に回せば、日本は破壊しつくされるだろう。

二月当時、すでにドイツの降伏は時間の問題とみられていました。実際にドイツが降伏すると、ヨーロッパ戦線で戦っていた連合軍の兵力（特にアメリカ軍）が日本へ振り向けられるはずでし

ヤルタ会談（1945年2月）。前列左からチャーチル、ルーズベルト、スターリン

た。そのうえ、ソ連が日本に参戦してきたら、文字どおり、「日本は破壊されつくされることになる」。

同じ二月十四日、華族で、日米開戦の直前まで内閣総理大臣を務めた近衛文麿《このえふみまろ》は、天皇に出した上奏文（近衛上奏文）で、「敗戦は我国体の瑕瑾《かきん》たるべきも、英米の輿論《よろん》は今日までのところ、国体の変更とまでは進み居らず、（勿論一部には過激論あり、又将来いかに変化するやは測知し難し）随《したが》て敗戦だけならば、国体上はさまで憂うる要なしと存候。国体護持の立前より最も憂うべきは、敗戦よりも、敗戦に伴うて起ることあるべき共産革命に候。つらつら思うに我国内外の情勢は、今や共産革命に向って急速に進行しつつありと存候。即ち国外に於ては、ソ連の異常なる進出に御座候」（『木戸幸一関係文書』東京大学出版会）と敗戦に伴う共産革命で国体護持が危機に瀕《ひん》することを憂いています。

その三カ月後、五月十四日にスイス駐在公使の加瀬俊一《かせしゅんいち》から東京へ送られた、「もしロシアがわれわれを攻撃するようなことになれば、帝国の直面する状況はまったく手に負えなくなるだろう」という電文も傍受されています。危機感がますます強まっていることが読み取れます。

アメリカもソ連の対日参戦を実現すべく手を打っていました。その一つが、ヤルタ密約。一九四五年二月四～十一日に開催されたヤルタ会談で、ルーズベルト大統領の要請に応える形で、スターリンが「ドイツ降伏から三ヶ月以内に対日参戦」することを約束したのです。

ヤルタ会談が行われる少し前に、アメリカは一九四五年秋に日本本土へ上陸侵攻することを決めていました。アメリカがソ連による（満州への）侵攻を必要としていたのは、中国に駐留していた日本軍の部隊を日本本土へ移動させずに足止めしておくためでした。

ところが、四月にはアメリカが日本海側の制空権、制海権を掌握します。ソ連参戦によらずとも自力で、中国大陸から日本本土への日本軍の移動を阻止できるめどが立ったのです。

一方、同じころ、ヨーロッパの戦後処理をめぐってアメリカはソ連との関係を急速に深めていました。だからソ連に借りを作りたくなかった。それにもかかわらずソ連に対して対日参戦してほしいと要求しつづけた。五月二十八日には、トルーマンが、ルーズベルト大統領の側近だったハリー・ホプキンスを特使としてモスクワに派遣して、スターリンから対日参戦の約束をあらためて引き出します。スターリンはこのとき、八月八日までに進軍する準備が整うと語りました

(実際、ソ連軍は、モスクワ時間で八月八日の午後五時に満州へ進軍しました)。

対立を深める相手との協力関係を、どうして維持しようとしたのでしょうか。陸軍参謀総長ジョージ・マーシャルの次の発言を読むと、その理由がよくわかります。

ロシアが参戦することの重要な点とは、すでに絶望的な日本に対するロシア参戦の衝撃が、我が軍が日本に上陸したのと同時、あるいは、その直後に、日本を降伏に追いこむ決定的な行動になる可能性が高いということである（六月十八日にホワイトハウスで開かれた軍事計画会議での発言）。

「衝撃によって」という部分に注目してください。アメリカは日本がソ連参戦を恐れていることをマジック報告を通じて十分に認識していました。それに本土で日本兵が最後の一人まで戦い抜いた場合、アメリカ軍に大きな犠牲が出ることも容易に予想できました。だからこそ、仮にアメリカ軍が日本に上陸したとしても、それだけでは日本軍がすぐに降伏するとは限らず、「保険」としてソ連軍の対日参戦が必要だったのです。

しかし、アメリカはここでも不可解な行動をします。わざわざ特使をモスクワへ派遣してスターリンに対日参戦の言質《げんち》を取りつけていた裏で、対日参戦の実行をなるべく遅らせようとしたのです。

元々、ソ連がヤルタ密約によって対日参戦を約束していたことは前に述べました。しかし、ヤルタ密約の内容は、対日参戦だけではありません。スターリンはソ連が参戦する条件として、樺《から》太《ふと》南部の返還、千島列島の引き渡し、外モンゴル（モンゴル人民共和国）の現状維持、満州の港湾と鉄道におけるソ連の権益確保を求めていました。これらの条件（特に後ろの二つ）については、中国の了解が必要となるはずですが、ヤルタ会談に中国（蔣介石《しょうかいせき》）は参加していませんでした。そこでスターリンは、アメリカの仲介のもと、事前に、中国から了解を得るべく交渉をする予定になっていました。

ところが、アメリカはなかなか中国にヤルタ密約の内容を伝えようとしなかったのです。五月十二日、蔣介石にそれを伝えてよいかという駐中国大使ハーレーからの問い合わせに対して、トルーマンは「まだ早い」と答えます。五月十四日にトルーマンは、国連創設に関する会合のためサンフランシスコを訪れていた中国の宋子文《そうしぶん》外相と会談しますが、ここでもヤルタ密約には触れていません。六月九日にようやく宋子文にその内容が伝えられました。

宋子文は六月三十日からモスクワ入りして、七月十二日までスターリンと交渉を重ねます

ジョージ・マーシャル（1880-1959）。1939年から45年までアメリカ陸軍参謀総長。戦後は政治家に転身し、国務大臣として「マーシャル・プラン」の立案・実行により1953年ノーベル平和賞を受賞した。（アメリカ陸軍戦史センター）

が、双方の合意には至りませんでした。そして、七月十七日にポツダム会談がはじまります。会談開始の直前、スターリンはトルーマンを表敬訪問して、八月中旬に対日参戦すると伝えました。トルーマンはかねて望んでいたソ連の対日参戦の約束をスターリンの口から直接聞けたのです。トルーマンはその喜びを妻ベスへの手紙に記しています。

しかし、その一方、二十三日には蔣介石に宛てた電報で、ソ連に譲歩しないように、そして宋子文を再びモスクワへ送ってスターリンと交渉するように希望すると伝えました。ヤルタ密約に関する中国とソ連の合意が結ばれるのをなるべく遅らせようとする意図が感じられます。もし中ソの合意が遅れればそれだけソ連の対日参戦も遅れます。**ソ連参戦という「衝撃」によって、降伏する可能性が高いことをよく知っていたのに、アメリカはその「衝撃」を遅らせる要因をわざわざ作りだそうとした**わけです。

■遅らされた降伏

ここまでの話を整理しましょう。

アメリカは、日本が国体護持（天皇制の容認）だけを条件に降伏したがっていることを知っていた。そして、天皇制には害があるどころか、利用価値があると分析されていた。日本に天皇制維持の保証を与えれば、アメリカは平和的手段、つまり対話によって戦争を終結させることもできたはずです。しかしアラモゴードでの原爆実験に成功したアメリカは、「現在の皇統の下での立憲君主制も含む」という文言をバーンズの進言によってわざわざ消してポツダム宣言を発表した。平和的手段による終戦という手段を選ばなかったのです。もし原爆実験が失敗であったならば（広島に投下する予定のウラン型原爆は対ソ冷戦のために温存して）、アメリカはソ連参戦前に終戦に持ち込む必要から、日本に天皇制の維持だけでなく、海外領土の一部（朝鮮半島か、あるいは満州、台湾などのどれか）を認めるなど、かなりの譲歩をしたかもしれません。

戦争を終わらせる軍事的手段の選択肢は、①海上封鎖と本土爆撃の継続、②ソ連参戦、③日本本土上陸作戦の実施、④原爆投下の四つがありました。しかし、アメリカは早期降伏に導く平和的手段を一貫して退け、①、②、③も準備しながら、結局、中国とソ連の交渉を長引かせることまでして、④を優先した。原爆投下の前に取れる手立てがありながら取らなかったのに、「原爆を投下したのは、日本を早く降伏させるためだった」とはいえません。つまり、「早期降伏説」は成り立たないのです。それどころか、アメリカは、軍事的な理由というよりは政治的な理由によって、「原爆投下による終戦（日本降伏）」にこだわったとすら思えます。

■人命救済説のウソ

もう一つの原爆神話、「人命救済説（もし原爆を投下しなければ、アメリカ軍の日本本土上陸によってアメリカ兵に百万人以上の死傷者が出た。原爆投下によって、犠牲になるはずの多くのアメリカ兵、日本人の命は救われた)」については、どう考えればよいでしょうか。
この説が正しいかどうかは、原爆投下前に、もし日本本土上陸作戦が実行された場合、どれくらいの死傷者をアメリカ政府が予想していたかがわかれば、簡単に確かめられます。
一九四五年六月十八日、マーシャルはホワイトハウスで、次のように発言しました。

九州上陸作戦の最初の三十日間の損害は、ルソン島攻略作戦を超えることはないだろう。

ルソン島攻略作戦によるアメリカ兵の死傷者は三万一千人です。したがって、本土上陸したとしても、三十日で見込まれた死傷者数は三万一千人。「アメリカ兵だけで百万人」は明らかに多すぎます。そして日本人の場合、原爆投下前に予想された(アメリカ兵だけの)死傷者より明らかに多くの死傷者(広島、長崎を合わせて二十数万人)が出ていますから、人命救済説も成り立ちません。

❸ ドイツ降伏後もなぜアメリカは原爆開発を続け、日本へ原爆を投下したのですか？

アメリカではドイツの動きを常に意識しながら、原爆開発が進められていました。ドイツにやや遅れを取っている状態からアメリカは原爆開発をはじめたので、その遅れを取り戻し、追い抜こうとしたのです。もしドイツが先に原爆を開発すれば、ヒトラーは使用するに違いない。そうなれば、ヨーロッパはヒトラーの手中に収められる。そんな事態は避けなければならない。その焦りが、アメリカの科学者、特にヨーロッパから亡命してきたユダヤ系物理学者たちを急《せ》き立て、原爆開発に向かわせたのです。

ところが、ドイツが降伏してしまった。アメリカの競争相手が、原爆開発レースから脱落したわけです。元々、ドイツを警戒してスタートしたのだから、その脅威が現実になくなった時点で、原爆開発をやめてもよかったはずです。それだけではありません。後述するように、ドイツが降伏するずっと前からドイツに原爆開発が無理という情報はありましたし、一九四四年末にはドイツが原爆開発を断念した情報をアメリカはつかんでいました。しかし、原爆開発レースはそのまま続行されました。開発のペースは落ちるどころか、逆にスピードアップしたくらいです。マンハッタン計画を主導した物理学者のオッペンハイマーは戦後、「ドイツ降伏の前後ほど焦ったときはなかった」と回想しています。

■一九四三年五月に日本が原爆投下目標に

それでは、アメリカが日本を原爆投下の目標として検討しはじめたのはいつでしょうか。ドイツ降伏後？　いいえ、違います。

それはなんとドイツ降伏の二年前、一九四三年五月五日です。その検討がなされたのは、軍事政策委員会。原爆など兵器研究全般について検討し、政策決定に活かすため、一九四二年九月二十三日に設置された委員会です。科学技術の軍事応用を率先して進めた技術者で、政府の科学顧問でもあったヴァネヴァー・ブッシュの肝いりで作られ、彼自身が委員長を務めました。歴史家マーティン・シャーウィンによれば、「ブッシュは、このグループを、巨大企業の取締役会のような機能を果たす機関として考えたのであった。ルーズベルト〔大統領〕が名目的な会長、〔マンハッタン計画を指揮した〕グローブズ将軍は営業担当副社長、そして社長として実権を振るうのがブッシュであった」とのことです（マーティン・J・シャーウィン『破滅への道程』TBSブリタニカ）。

さて、軍事政策委員会においてはじめて日本に対する原爆使用が検討された頃、日本の戦況は悪くなる一方でした。ミッドウェー海戦（一九四二年六月）、ガダルカナルの戦い（一九四二年八月から十二月）で大敗北を喫し、一九四三年以降は、戦闘力においてアメリカが日本を圧倒していることは明白になっていました。こんな状況のなかで、原爆投下の目標として日本が浮上したわけです。この時点で原爆は一九四四年末までに完成すると見込まれており、そのときまでにドイツとの戦闘が終わるとは考えられていませんでしたから、ドイツではなく日本を選ぶにしても早すぎるように見えます。

このほかに政策決定者のトップが日本に対する原爆使用について言及した記録に、一九四四年九月十八日にルーズベルト大統領とイギリスのチャーチル首相の間で秘密裏に交わされた「ハイドパーク覚書」があります（ハイドパークは、ルーズベルトの私邸があるニューヨーク州の地名。ここで二人の会談が行われました）。

この覚書の第一条に、

「爆弾」が最終的に使用可能となったときには、熟慮のうえ日本に対してこれを使用することになろうが、その場合、日本に対しては、降伏するまでこの爆撃が繰り返される旨を警告すべきである（『資料　マンハッタン計画』）。

PRIME MINISTER

S/

Franklin D. Roosevelt Library
DECLASSIFIED
AEC to Director FDRL
2-12-70

~~TOP SECRET~~

10, Downing Street,
Whitehall.

TUBE ALLOYS

Aide-memoire of conversation between the President and the Prime Minister at Hyde Park, September 18, 1944.

1. The suggestion that the world should be informed regarding Tube Alloys, with a view to an international agreement regarding its control and use, is not accepted. The matter should continue to be regarded as of the utmost secrecy; but when a "bomb" is finally available, it might perhaps, after mature consideration, be used against the Japanese, who should be warned that this bombardment will be repeated until they surrender.

2. Full collaboration between the United States and the British Government in developing Tube Alloys for military and commercial purposes should continue after the defeat of Japan unless and until terminated by joint agreement.

3. Enquiries should be made regarding the activities of Professor Bohr and steps taken to ensure that he is responsible for no leakage of information, particularly to the Russians.

FR 18. 9

ハイドパーク覚書。1944年9月、ニューヨーク州ハイドパークで、ルーズベルトとチャーチルによって交わされた合意文書。（フランクリン・ルーズベルト図書館・博物館）

ここからわかるのは、**実際の原爆投下の一年近く前からアメリカ、イギリスの両トップが、投下目標を日本とするという共通認識を持っていた**ということです。

■報復の恐れ

それでは、なぜ原爆投下の目標はドイツではなく、日本だったのか。注意していただきたいのは、ドイツより先に原爆を開発するのと、実際に開発した原爆をドイツに対して使うのは、別の話だということです。そもそもドイツを原爆投下の目標として検討した記録すら見つかっていません。グローブズ将軍は、一九四五年四月二十三日にスティムソン陸軍長官に宛てたメモの中で

レスリー・グローブズ（1896-1970）。1942年からマンハッタン計画司令官。（アメリカ・エネルギー省）

「目標は日本であり、常に日本を想定していた」

と記しています。

ドイツに対抗するために開発された原爆が、なぜ日本に使われたのか、ここには複雑な事情があります。弱い放射能をもつウランやプルトニウムなどの兵器としての使い道は原爆だけではありません。たんにそれを撒《ま》き散らすだけでも人間に大きなダメージを与えられることは当時よく知られ

ていました。化学者で、ハーバード大学学長のジェームズ・コナント博士が一九四三年七月に、軍事政策委員会に提出した報告書の一部を見てみましょう。

四、ラジウム換算一トンを二平方マイル〔約五・一平方キロ〕に均等に撒《ま》けば、人口の相当部分を何日間も完全に無力化し、またこうした放射能に何日間もさらされるのは致命的となろうから、全域からの退去が必要となろう。

五、放射性毒物の使用に成功しても、製造と飛行機からの散布には重大な問題がある。

六、こうした困難にもかかわらず、一連の状況からドイツがロンドンのような都市に、住民の退去を必要とするような放射性固形物を集中させることは十分に考えられる。

九、（略）その対象は米国でなく英国である可能性が極めて高い。

アメリカはこの時点で、ドイツの原爆開発がどの程度進んでいるか正確につかんでいませんでした。ただし、ある程度の量のウランを持っていることは確実とみていた。これを放射性毒物としてまき散らすかもしれない。そういう可能性を検討していたわけです。

もしアメリカがドイツに先んじて原爆開発に成功し、ドイツに対して原爆を使ったとしても、ドイツはその報復として、たとえばイギリスに放射性毒物を散布する恐れがある。こういう核報復への恐れから、核攻撃の目標としてドイツではなく、日本を選んだと考えられます。マンハッタン計画を率いたグローブズ将軍は回顧録『原爆はこうしてつくられた』（恒文社）でこんな発言を残しています。

> 日本が核兵器に必要な材料を生産する十分のウランまたはウラン鉱石を持っている可能性はほとんどなく、原子兵器の製造に必要な工業力は日本の能力をはるかに超えていた（略）。当時、日本の指導的な原子物理学者を個人的に知っていたバークレーの米国の原子物理学者と話したときも、日本が近い将来に効果的な兵器を生産するのに必要な有能な人物はきわめて少ない、という結論に達した。

グローブズは仮に日本が原爆開発に着手しても、その計画の兆候を簡単につかめるし、計画をつぶせる自信もあった。要するに、日本からの核報復を恐れる必要がなかったのです（日本でも、理化学研究所の仁科芳雄《にしなよしお》博士や京都帝大の荒勝文策《あらかつぶんさく》教授・湯川秀樹《ゆかわひでき》教授らがそれぞれ陸軍の「二号研究」と海軍の「F号研究」に駆り出されて、原爆開発の可能性が検討されますが、「有能な人物はきわめて少ない」うえに、資源（ウラン鉱）も、予算も十分でなく、原爆実現の見込みはまったくありませんでした）。

しかし、ドイツを日本と同じように考えるわけにはいきませんでした。ドイツには、原爆を完成させてもおかしくないほどの選りすぐりの科学者たちがいたからです。

■物理学の中心地

原爆は、核分裂と呼ばれる現象を利用した兵器です。この核分裂を最初に発見したのはドイツの研究者（オットー・ハーンら）。原爆に必要なのは、原子核物理学と呼ばれる物理学の一分野ですが、ドイツにはその創設者がたくさんいました。不確定性原理の発見などの功績により、一九三二年にノーベル物理学賞を三十一歳の若さで受賞したハイゼンベルクもその一人です。ドイツは原子核物理学のメッカで、アメリカやイギリスで原爆開発に重要な役割を果たした科学者の多くが、ドイツ留学経験者や、ドイツからの亡命者（特にユダヤ系ドイツ人）でした。そのため、アメリカとイギリスの物理学者は、ドイツの科学力を決して侮《あなど》れなかったのです。

ドイツは、一九三九年上旬に併合したチェコスロバキアの鉱山からのウラン販売を禁止させ、原爆に必要なウランも手にしていました。

こうした状況をいち早く察知したのが、ハンガリー生まれのユダヤ系物理学者レオ・シラードでした。ベルリン大学に留学していたシラードは、一九三三年のナチス政権の誕生後まもなくオーストリアへ脱出。イギリスを経て、一九三八年にアメリカへ移住します。一九三九年、ヨーロッパでナチスが戦争をはじめることが確実視されるなか、彼は危機感を募《つの》らせ、先にアメリカに亡命していたアルバート・アインシュタインの知名度に頼って、ルーズベルト大統領に手紙を書くことにしました。それがアインシュタイン＝シラードの手紙と呼ばれるものです（⇩66ページ）。

その中でアインシュタインは、「〔核分裂による連鎖反応が〕極めて強力な新型の爆弾の製造につながるかもしれない」ことを指摘し、「ドイツが接収したチェコスロバキアの鉱山からのウランの販売を停止」したことは、ドイツの原爆開発と関わりがあると示唆しました。そして、ルーズベルト大統領に「アメリカにおいて連鎖反応を研究している物理学者のグループとのより継続的な接触を保つこと」、原爆の可能性を検討する委員会を設置し、ウラン研究に予算を投じることを勧めました。この手紙は、十月に大統領に届けられ、ウラン諮問委員会の設立につながります。ただし、これによってシラードが望んだような研究開発の本格的開始が実現したわけではありません。

レオ・シラード（1898-1964）。原爆開発のきっかけを作ったが、日本への使用を阻止しようとしたとされる。（アメリカ・エネルギー省）

さて、ドイツは一九四〇年四月にはノルウェーに侵攻し、当時、肥料生産の副産物として生じる重水《じゅうすい》を商業的に生産できるノルスク・ハイドロ重水工場を支配下に収めます。ドイツがノルウェー侵攻前から、理由を明らかにしないままこの重水に興味を持っていたことをフランスの諜報機関はつかんでいました。

侵攻後、イギリスの諜報機関も、工場で働くノ

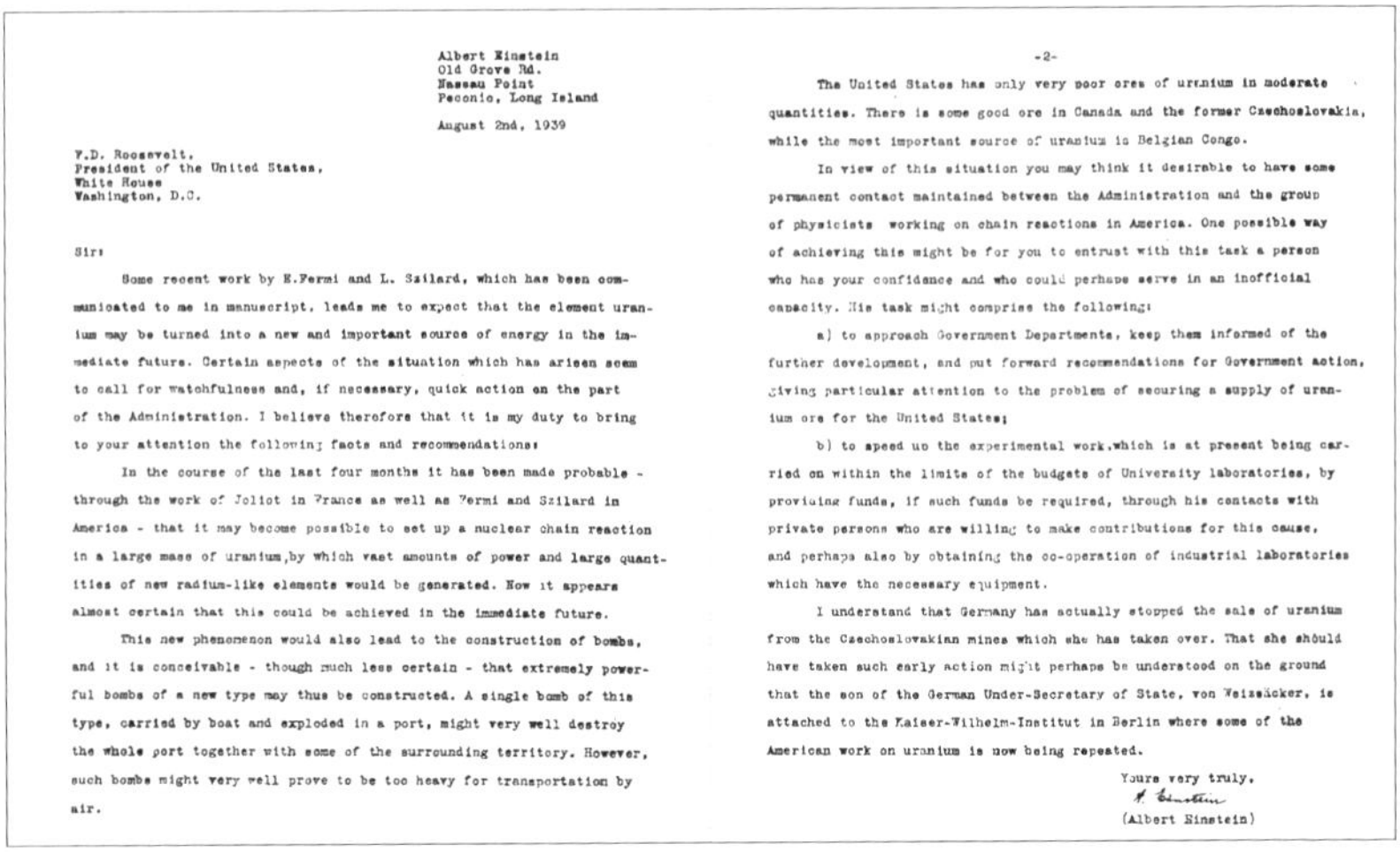

Albert Einstein
Old Grove Rd.
Nassau Point
Peconic, Long Island

August 2nd, 1939

F.D. Roosevelt,
President of the United States,
White House
Washington, D.C.

Sir:

Some recent work by E.Fermi and L. Szilard, which has been communicated to me in manuscript, leads me to expect that the element uranium may be turned into a new and important source of energy in the immediate future. Certain aspects of the situation which has arisen seem to call for watchfulness and, if necessary, quick action on the part of the Administration. I believe therefore that it is my duty to bring to your attention the following facts and recommendations:

In the course of the last four months it has been made probable - through the work of Joliot in France as well as Fermi and Szilard in America - that it may become possible to set up a nuclear chain reaction in a large mass of uranium,by which vast amounts of power and large quantities of new radium-like elements would be generated. Now it appears almost certain that this could be achieved in the immediate future.

This new phenomenon would also lead to the construction of bombs, and it is conceivable - though much less certain - that extremely powerful bombs of a new type may thus be constructed. A single bomb of this type, carried by boat and exploded in a port, might very well destroy the whole port together with some of the surrounding territory. However, such bombs might very well prove to be too heavy for transportation by air.

-2-

The United States has only very poor ores of uranium in moderate quantities. There is some good ore in Canada and the former Czechoslovakia, while the most important source of uranium is Belgian Congo.

In view of this situation you may think it desirable to have some permanent contact maintained between the Administration and the group of physicists working on chain reactions in America. One possible way of achieving this might be for you to entrust with this task a person who has your confidence and who could perhaps serve in an inofficial capacity. His task might comprise the following:

a) to approach Government Departments, keep them informed of the further development, and put forward recommendations for Government action, giving particular attention to the problem of securing a supply of uranium ore for the United States;

b) to speed up the experimental work,which is at present being carried on within the limits of the budgets of University laboratories, by providing funds, if such funds be required, through his contacts with private persons who are willing to make contributions for this cause, and perhaps also by obtaining the co-operation of industrial laboratories which have the necessary equipment.

I understand that Germany has actually stopped the sale of uranium from the Czechoslovakian mines which she has taken over. That she should have taken such early action might perhaps be understood on the ground that the son of the German Under-Secretary of State, von Weizsäcker, is attached to the Kaiser-Wilhelm-Institut in Berlin where some of the American work on uranium is now being repeated.

Yours very truly,
A. Einstein
(Albert Einstein)

アインシュタイン＝シラードの手紙。1939年にルーズベルト大統領に送られた。

ルウェー人の協力を得て、ドイツが大量の重水を要求している情報をつかみます。重水は、原子炉の運転に必要な材料です。原子炉はウランの性質を調べ、ウランと並ぶもう一つの原爆の原料であるプルトニウムを生産するのに必須でしたから、重水に興味を示し、実際それを手に入れたことは、ドイツが原爆開発に取り組んでいる証拠でした。

そのため、イギリスは一九四二、四三年にかけて特殊部隊をノルウェーのノルスク・ハイドロ重水工場に派遣。一九四三年初頭の作戦で、工場破壊に成功します。ところが、ドイツはすぐに設備を修理して重水生産を再開。結局、その年十一月十六日のアメリカ軍による空爆がきっかけで、ドイツはノルウェーからの重水の獲得を諦めました。この攻撃を命じたのは、グローブズ将軍です。ドイツの原爆開発の動きを正確に把握しておきたかったグローブズ将軍は、一九四三年九月からアルソス作戦、十一月からはアズーサ作戦によって、ドイツの原爆開発がどれくらい進んでいるのか探ろうとしました。

これらの作戦によって遅くとも一九四四年末には、ドイツの原爆開発計画に成功の見込みはほとんどなかったことが明らかになりました。アメリカが一九四二年末に成功していた原子炉の臨界実験にすらドイツは失敗していたのです。

■ドイツの原爆開発

ここでドイツの原爆開発について簡単にふり返ってみます。今では、ドイツの戦時中の原爆開発計画がどの程度進んでいたのかかなり明らかになっています。ドイツが原爆の可能性を検討しはじめたのは、一九三九年四月です。この頃、化学者のハルテックらはドイツ国防軍に、ウランの核分裂によって、「従来の爆薬より桁違いに強力な爆薬の生産が可能となる公算が大きく（略）これを最初に利用した国は、越えがたい優位を他国に対して有することになる」という内容の書簡を送っています。同じ頃、ドイツ教育省の一部である国家研究評議会でも同じ考えを持つ物理学者がウランフェライン（ウラン・クラブ）の発足を提案しています。ドイツ陸軍兵器局の指揮の下、原子核物理学者が集まり、ウランフェラインが形を整えていきます。その中にはもちろんハーンやハイゼンベルクも含まれました。

ドイツはたしかにどの国よりも早く原爆開発をスタートさせましたが、後ではじまるマンハッタン計画に比べれば、ウランフェラインの活動ははるかに規模の小さいものでした。マンハッタン計画に動員させられた科学者がほぼ原爆開発だけに専念させられ、組織化されていたのに対して、ウランフェラインの科学者にとって原爆開発はいわば副業で、それぞれバラバラに研究に取り組んでいました。

それでも一九四二年二月にウランフェラインが陸軍兵器局に提出した報告書では、アメリカが本腰を入れて原爆開発に乗り出すきっかけになったイギリスのＭＡＵＤ委員会報告書（⇩80ページ）とほぼ同じ結論に達していたことがわかっています。

とはいえ、東部戦線でソ連軍と激闘を繰り広げている中、ドイツには原爆開発に力を入れる経済的な余裕がなく、ろくに予算もつきませんでした。一九四二年九月に原爆開発計画を、研究開発局（ＯＳＲＤ）から陸軍工兵隊へ移管させ、マンハッタン計画を発足させたアメリカと対照的に、同じ頃、ウランフェラインの管轄は陸軍兵器局から国家研究評議会へ移ってしまいました。ドイツ国家軍需・軍事生産大臣のアルベルト・シュペーアは、一九四二年六月、ヒトラーに近い将来、原爆が実現する見込みはないと報告。その後も、原子炉の研究はつづきますが、原爆の開発は事実上ここで打ち止めとなりました。

ところが皮肉なことに、そういう状況を知らないアメリカの科学者たちはドイツの原爆開発の進展を恐れ、その恐怖が、科学者たちを駆り立てていたわけです。

ただし、アメリカの科学者たちにはわからなかったにしても、政策決定者やマンハッタン計画に関わる軍関係者は、もっと早くからドイツの原爆開発が行き詰まっていることを知っていた可能性があると私は考えています。というのも、当時のドイツは国家プロジェクトであるVロケット開発に優先的に予算と資源を投入していました。それに、一九四三年十一月からはベルリンに対する大規模な空爆もはじまりました。こういう状況の中ではとても原爆開発が進められないことを、全米四箇所に巨大施設を作り、十二万人を雇用してマンハッタン計画を進めていたアメリカはよくわかっていたと思います。

いずれにしても、ドイツ降伏の前、一九四四年末にはドイツに原爆開発は無理であることがはっきりしていました。ただし、原爆は無理だとしても、放射能兵器を作り、それを使う可能性はあるとアメリカは見ていました。つまり、もしドイツに原爆投下を行った場合に、何らかの形での報復攻撃がアメリカにではなくイギリスに対して行われる可能性が想定されたからでした。それが、原爆投下の目標としてドイツを早い段階で外した理由の一つと考えられます。

■ソ連への威嚇

もう一つの理由は、すでに述べた「ソ連に対する威嚇《いかく》」とも関係してきます。ハイドパーク覚書の中には、「チューブ・アロイズ〔管状合金。原爆のこと〕の管理および使用に関する国際協定締結の目的で、この件につき世界〔ソ連〕に知らせるべきであるとする〔ボーアの〕提案は受け容れられない」「ボーア教授の活動に関しては調査を行なうべきであり、同教授が、とくにロシア人に対して、情報を漏洩《ろうえい》しないようにするための措置をとるべきである」などの取り決めがなされています。

ボーア（ニールス・ボーア）は、世界的に有名なデンマークの物理学者で、原爆の実現性が高まる中、原爆を実際に使用する前に、国際管理体制を作るため、ソ連に対して、原爆情報を知らせるべきだとチャーチル首相とルーズベルト大統領に訴えていました。

しかし、二人の指導者はこの訴えを退け、逆にソ連に対する原爆情報の漏洩を恐れ、ボーアの動きを監視しなければならないと考えたわけです。

マンハッタン計画に参加していた、ポーランド生まれの物理学者ジョセフ・ロートブラットは、一九四四年三月に、グローブズ将軍から「原爆を作る本当の目的はソ連を抑えることだ」と聞いたと言います。当時、東部戦線で日々何千もの兵を失い、多大な犠牲を払ってドイツと戦っている同盟国であるはずのソ連を敵視するグローブズ将軍にロートブラットは愕然とします。彼は、ドイツの原爆計画が頓挫《とんざ》していたことが明らかになった一九四四年末、マンハッタン計画から身を引いてしまいました。グローブズ将軍は回想録でも、「私はマンハッタン計画の責任者に任命されたほぼ二週間後から、われわれの敵はソ連だという信念を一貫して持ち続けた。そしてマンハッタン計画も、私のこのような信念として遂行された」と語っています。

アメリカにとって、ソ連に対する威嚇として日本に原爆を使う利点がありました。もしドイツに原爆を使うと、ドイツと地続きのソ連が原爆情報を得ることが考えられます。日本に関してはその危険性が少なかったのです（実際に戦後、ソ連のスパイが広島を調査してスターリンに報告しています）。

国務長官のバーンズの回想録にある以下の記述を見ると、バーンズの頭の中では、日本への原爆投下と、ソ連に対する不満がつながっていたことがうかがえます。

> 率直に認めなければならないことだが、東部ドイツでのソ連の行動やポーランド、ルーマニア、ブルガリアでのヤルタ条約の違反についてわれわれが知っていることにかんがみ、もしロシア人が参戦しないということに決まれば、私はきっと満足したであろう。日本が無条件降伏を執拗に拒否していたにもかかわらず、原爆が成功したことによって、われわれが要求する条件で日本が降伏するものと私は信じていた。

ジェームズ・F・バーンズ（1882-1972）。1945年から47年までアメリカ国務長官を務めた。（アメリカ議会図書館）

原爆を投下しても、ソ連による対日参戦の衝撃がなければ日本は降伏しないという予測が軍関係者の間にはありましたが、バーンズは原爆投下によって、日本はソ連参戦の前に降伏すると期待していたことがここからわかります。しかも、東ヨーロッパで勢力を拡大しつつあるソ連を御《ぎょ》しやすくする手段として原爆が想定されていることもわかります。

■報復と実験

真珠湾攻撃に対する報復も、ドイツではなく日本を原爆投下目標に選んだ理由に挙げられるでしょう。第二次大戦全体を通して、アメリカが戦った主な相手は日本だったのです。しかも、奇襲攻撃を受けた記憶は生々しくアメリカ人の間に刻み込まれていました。太平洋戦争の勃発と前後して、アメリカの原爆開発が本格始動していることも、未曾有《みぞう》の破壊力を持つ兵器を使う相手として日本が浮上した要因と考えられます。

人種差別的な要因も少なからずあったのではないかと私は考えています。物理学者のマキジャニは、「当時の対日感情や、日系米人の強制収容を連邦最高裁が合憲としたことからして、これも日本を目標とする決定に作用しなかったとはいいきれない」(A・マキジャニ/J・ケリー『原爆投下のシナリオ』教育社)と指摘しています。実際、真珠湾攻撃の前から、アメリカでは日本に対するネガティブキャンペーンが展開されており、新聞、雑誌には日本人を蔑視する言葉が氾濫していました（ただし、ドイツの都市に対しても無差別爆撃が容赦なくくり返されていたことを考えれば、ドイツ人と日本人の間で、根本的に人種差別はなく攻撃したとも考えられます）。

原爆投下は真珠湾攻撃への報復という見方は、戦時中のアメリカ人には納得しやすかったかもしれません。しかし、**多数の民間人が暮らす都市中心部へ原爆を落とすことを、奇襲とはいえ軍施設や軍用機を目標とした真珠湾攻撃の報復とするのは無理がある**ように思います。しかも、アメリカはそれ以前にも約十万人の被害が出た東京大空襲など、日本の多くの都市への無差別爆撃を行って多くの犠牲者を出させていたのですからなおさらです。

❹ 「マンハッタン計画」とは何ですか？

一般にマンハッタン計画とは、原爆開発計画として知られています。たしかにその最大の目的は原爆開発でしたが、この計画にはもっと大きな広がりがあります。**爆弾を作るだけの計画としてだけ捉えると、マンハッタン計画の本質を見誤ってしまう**でしょう。

前のQ&Aのなかで、アメリカの科学行政に影響力を持っていたコナント博士による報告書を紹介しました（⇩62ページ）。そこではドイツが放射能兵器を使う可能性について言及されていましたが、実は、マンハッタン計画でも、放射能兵器は一応、検討されています。

最初に思いついたのはエンリコ・フェルミ博士と考えられています。フェルミは、イタリアから亡命した物理学者で、妻がユダヤ人であり、迫害を受ける可能性があったことから、一九三八年にノーベル賞を受賞するためイタリアを出国したのを機にアメリカへ亡命していました。フェルミはアメリカで原子炉を作り、原爆につながる重要な研究成果を上げていましたが、ある日、オッペンハイマーに「多数のドイツ人を殺すもう一つの方法」を提案します。それは、放射性物質によってドイツの食糧供給を妨げることができるというアイデアでした。このアイデアはオッペンハイマーからグローブズ将軍に伝えられ、実際に用いる放射性物質として、原子炉から出てくるストロンチウム90が検討されました。しかし、一九四三年五月にオッペンハイマーは手紙を書いてフェルミにこのアイデアの実行を遅らせるよう助言しました。

「われわれが五〇万人を殺すだけの十分な毒を食料に入れられないなら、この計画は試みてはならないと思っている。なぜなら、分散が非均一なことから、影響を受ける実際の数はずっと少ないと思われるからである」。このアイデアは採用されなかった。その理由は単に、敵の人口の相当部分に毒を盛る効率的な方法がなかったからにすぎない（カイ・バード／マーティン・シャーウィン『オッペンハイマー』ＰＨＰ研究所）。

結局、放射能兵器は作られませんでした。ここで、その可能性を探っていた証拠をわざわざ紹介しておきたかったのは、マンハッタン計画に参加していた科学者たちが、放射能の毒としての性質をはっきり意識していたことを示すためです。しかしアメリカは、広島、長崎の犠牲者のうち放射能の影響を受けた者はごくわずかであり、大半は原爆の爆弾としての威力（爆風、熱線）によって死傷したと戦後直後から表明し、その後、今に至るまでずっとその立場を堅持しています（第二部参照）。

Dr. E. Fermi SECRET (237
Page 2
May 25, 1943

and it is hard for me to give very sound advice on what to do. I think that there is at least one quite well defined radio-chemical problem, which is the separation of the beta-strontium from other activities. It is my impression after talking it over with Teller, that this is not a very major problem except in so far as provision would have to be made for carrying it out by remote control at the actual site of operations. I do not see how this can be done without letting a number of people into the secret of why we want the strontium. I should therefore like to ask you what you think the latest safe date is for the solution of this and other problems. It seems to me that we have a much better chance of keeping your plan quiet if we do not start work on it until it is essential to do so. If, in your opinion, the time for such work is now, I believe that you should discuss it with Allison and Franck and on their advice, if absolutely necessary, with Compton, and that perhaps this group of people will be enough to get the work done without more wide-spread discussion. In a general way I think we have better facilities here for keeping things of that kind within a well definied group, namely, the scientific personnel of the laboratory, than exists in other places. On the other hand, I do not think that we are equipped to tackle the problem with anything like the expedition that you can in Chicago.

To summarize then, I should recommend delay if that is possible. (In this connection I think that we should not attempt a plan unless we can poison food sufficient to kill a half a million men, since there is no doubt that the actual number affected will, because of non-uniform distribution, be much smaller than this.) If you believe that such delay will be serious, I should recommend discussion with a few well-chosen people. Finally, I should postpone this action until I have had an opportunity to reopen the question with Conant and if possible to obtain information on the decision of the General Staff.

Things here are going quite well and we are still remembering with pleasure and profit your fine visit. I hope that you can come again late in June, and that we shall have at that time some less programatic problems to discuss with you.

With all warm greetings,

Robert Oppenheimer

Robert Oppenheimer

CANCELED SECRET

RO:DS

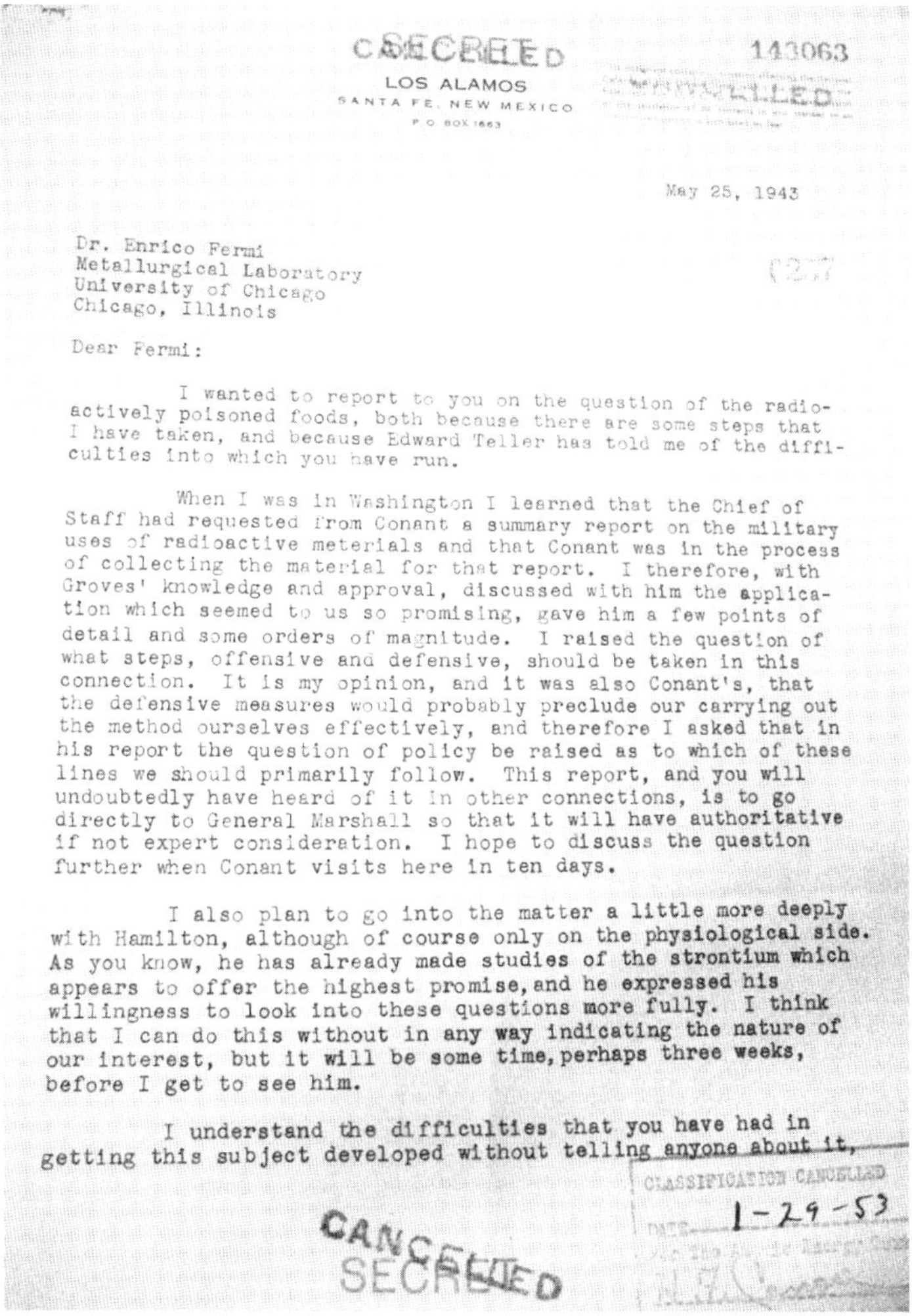

SECRET
CANCELLED

LOS ALAMOS
SANTA FE, NEW MEXICO
P.O. BOX 1663

143063

CANCELLED

May 25, 1943

Dr. Enrico Fermi
Metallurgical Laboratory
University of Chicago
Chicago, Illinois

Dear Fermi:

I wanted to report to you on the question of the radioactively poisoned foods, both because there are some steps that I have taken, and because Edward Teller has told me of the difficulties into which you have run.

When I was in Washington I learned that the Chief of Staff had requested from Conant a summary report on the military uses of radioactive meterials and that Conant was in the process of collecting the material for that report. I therefore, with Groves' knowledge and approval, discussed with him the application which seemed to us so promising, gave him a few points of detail and some orders of magnitude. I raised the question of what steps, offensive and defensive, should be taken in this connection. It is my opinion, and it was also Conant's, that the defensive measures would probably preclude our carrying out the method ourselves effectively, and therefore I asked that in his report the question of policy be raised as to which of these lines we should primarily follow. This report, and you will undoubtedly have heard of it in other connections, is to go directly to General Marshall so that it will have authoritative if not expert consideration. I hope to discuss the question further when Conant visits here in ten days.

I also plan to go into the matter a little more deeply with Hamilton, although of course only on the physiological side. As you know, he has already made studies of the strontium which appears to offer the highest promise, and he expressed his willingness to look into these questions more fully. I think that I can do this without in any way indicating the nature of our interest, but it will be some time, perhaps three weeks, before I get to see him.

I understand the difficulties that you have had in getting this subject developed without telling anyone about it,

CLASSIFICATION CANCELLED
DATE 1-29-53

CANCELLED
SECRET

1943年5月にオッペンハイマーからフェルミに送られた書簡。放射性物質をばらまく計画が検討された。（アメリカ議会図書館）

■打ち消される放射能の影響

アメリカは、どのように放射能の人体への影響を否定・過小評価したのでしょうか。

グローブズの命令で、戦後、原子爆弾の放射能と被害を調べた医師スタッフォード・ウォレンは、一九四五年九月十日、広島からワシントンへ打電し、「放射能による死傷者数は不明ながら、予備調査で生存者はごく少数と判明」（アイリーン・ウェルサム『プルトニウムファイル』翔泳社）と報告します。その頃、広島、長崎入りしたウィルフレッド・バーチェット（オーストラリア）やW・H・ローレンス（アメリカ）らのジャーナリストの記事から、被爆してかなり時間が経っているにもかかわらず、現地では人がバタバタ死んでおり、放射能の影響ではないかという疑いが膨《ふく》らんでいることが指摘されつつありました。

グローブズ（右）とオッペンハイマー（左）。トリニティー実験の爆心地にて。（ロスアラモス国立研究所）

　そこで、グローブズとオッペンハイマーは、七月十六日に行われた最初の原爆実験（トリニティー実験）の地、ニューメキシコ州アラモゴードへ記者たちを招きます。実験から一カ月以上経っても、爆心地ではかなりの残留放射能が検出されていましたが、グローブズは、その理由を、トリニティー実験では、原爆を広島や長崎よりずっと低空で爆発させたからだと説明しました。そして、高空で爆発させれば、爆発によって生じた放射性の灰は飛散する。したがって、「日本の死者は、一部は放射線が原因だろうが、その筋の情報によればその数はそうとう少ない」（前出書）と請け合いました。オッペンハイマーも同様の発言をします。これらの発言を元に、「ライフ」誌は、「広島と長崎の死者は、大規模とはいえ合法的な爆撃の犠牲者だった」と報じました。

ウォレンは日本から帰国後、上院特別委員会で、広島、長崎の両市で放射能による死亡は全体のわずか五〜七％と証言しました。ところが、ウォレンらと放射能調査に参加した物理学者のドナルド・コリンズは、グローブズ将軍の副官トーマス・ファーレル少将から「われわれの仕事は原爆に放射能がなかったことを証明することだ」と言い渡されたと暴露《ばくろ》しています。

このように、アメリカは戦後、放射能の人体への影響を否定または過小評価しようとしたのです。ところが、原爆投下前、マンハッタン計画で主要な役割を果たした科学者たちの報告書や発言録を見ると、彼らが放射能の人体に対する影響を率直に認めていたことがわかります。

一九四五年五月十一日、オッペンハイマーが書いたものを見てみましょう。

原爆投下の状況からして、一次、二次の放射性物質が目標のすぐ近くに大量に降下することは、通常ないはずだ。だが爆発時の放射能に目標地域でさらされた人は、もちろん影響を受ける……その後の状況は本質的に気温と風向きによる。原爆を雨の中、ないしは雨を呼ぶような高湿の条件の中に落とせば、放射性物質のほとんどが雨に運ばれて目標地域の近くに落ちるとみられる（前出『原爆投下のシナリオ』）。

原爆の爆発時の放射能にさらされた人は「もちろん影響を受ける」し、その後も風下地域の住民は放射性物質にさらされる可能性があることを、オッペンハイマーは指摘しています。

アメリカが本格的に原爆開発に乗り出すきっかけになったのは、一九四一年九月にイギリスから届けられた「原爆開発は可能」とする報告書（ＭＡＵＤ委員会報告書）でした。そこに、こう書かれています。

われわれは、今や、有効なウラン爆弾をつくることが可能になるであろうという結論に達した。それは、およそ二五ポンド（約一一キログラム）の活性物質を含有し、破壊効果の点ではＴＮＴ火薬一八〇〇トンに匹敵するだけでなく、**大量の放射性物質を放出することにより、爆弾の爆発地点に近い場所では長期にわたって人命に危険を及ぼすであろう**（『資料　マンハッタン計画』）。

この時点ですでに原爆による放射能の人体に対する（長期的）影響が指摘されているのです。

■マンハッタン計画のスタート

ＭＡＵＤ委員会報告書は、アメリカの原爆開発計画に決定的影響を及ぼし、折りから原爆開発計画の成否を検討中だった全米科学アカデミーも、それまでの消極的な評価を覆《くつがえ》します。

数年を経ずして、前述のような爆弾〔原爆〕、もしくはウランの核分裂による類似兵器の使用が軍事的優位を決定するかもしれないということについて、真剣に検討しなければなりません。国防に適切な意を払ううえで、この計画を緊急に発展させることが必要であると思われます（『資料　マンハッタン計画』）。

一九四一年十一月二十七日、この報告書が科学研究開発局（ＯＳＲＤ）局長のヴァネヴァー・ブッシュからルーズベルト大統領に届けられます。年が明けて一九四二年一月十九日、大統領は、報告書に短信を付けてブッシュへ返されました。そこには、「Ｖ・Ｂ〔ヴァネヴァー・ブッシュ〕へ、ＯＫ——返却——これは、きみの金庫にしまっておくのが最善かと思う。ＦＤＲ〔フランクリン・デラノ・ルーズベルト〕」と書かれていました。これが、原爆開発計画のゴーサインでした。

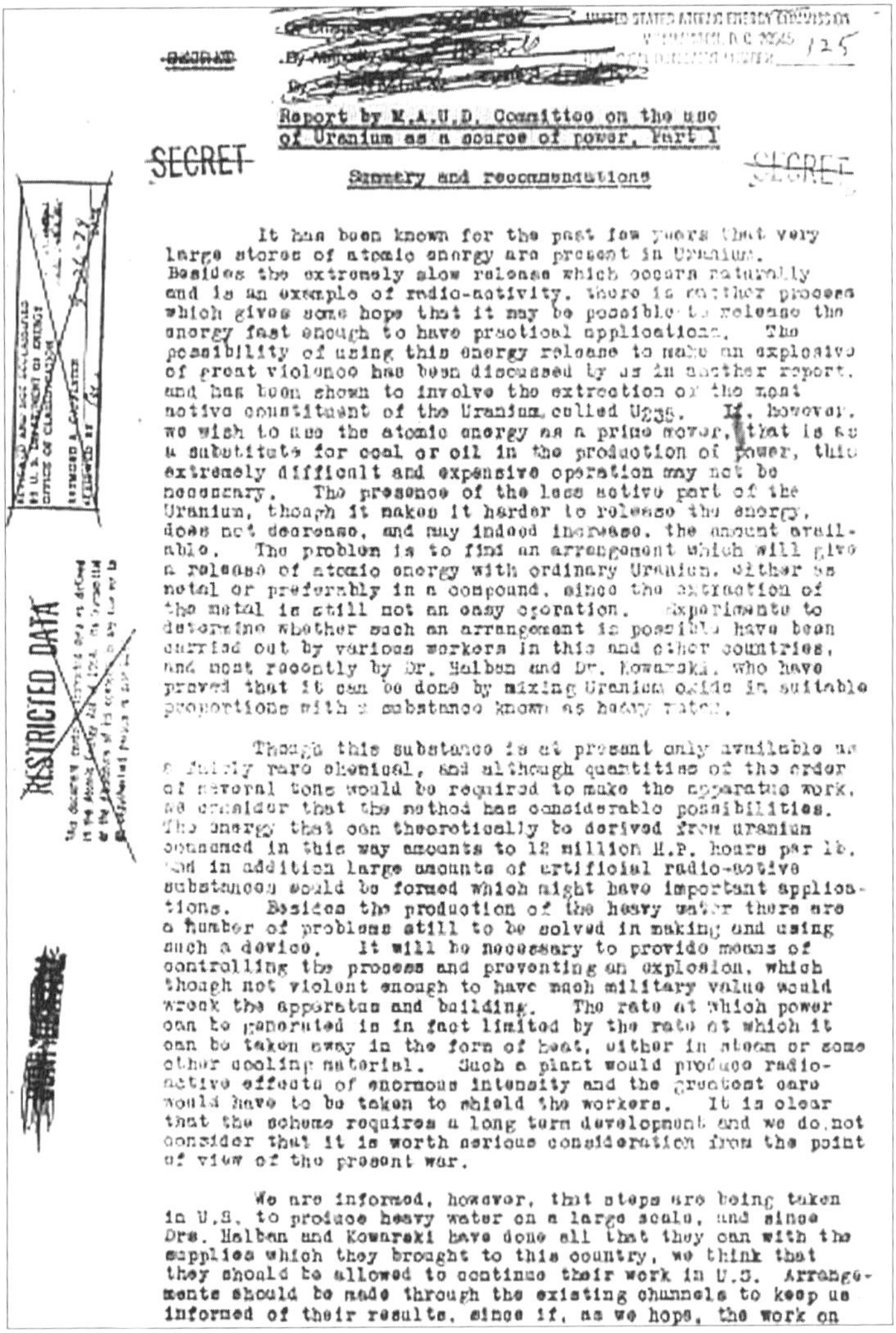

[redacted]

UNITED STATES ATOMIC ENERGY COMMISSION 125

SECRET

Report by M.A.U.D. Committee on the use of Uranium as a source of power, Part 1

SECRET

Summary and recommendations

RESTRICTED DATA

[redacted]

It has been known for the past few years that very large stores of atomic energy are present in Uranium. Besides the extremely slow release which occurs naturally and is an example of radio-activity, there is another process which gives some hope that it may be possible to release the energy fast enough to have practical applications. The possibility of using this energy release to make an explosive of great violence has been discussed by us in another report, and has been shown to involve the extraction of the most active constituent of the Uranium called U_{235}. If, however, we wish to use the atomic energy as a prime mover, that is as a substitute for coal or oil in the production of power, this extremely difficult and expensive operation may not be necessary. The presence of the less active part of the Uranium, though it makes it harder to release the energy, does not decrease, and may indeed increase, the amount available. The problem is to find an arrangement which will give a release of atomic energy with ordinary Uranium, either as metal or preferably in a compound, since the extraction of the metal is still not an easy operation. Experiments to determine whether such an arrangement is possible have been carried out by various workers in this and other countries, and most recently by Dr. Halban and Dr. Kowarski, who have proved that it can be done by mixing Uranium oxide in suitable proportions with a substance known as heavy water.

Though this substance is at present only available as a fairly rare chemical, and although quantities of the order of several tons would be required to make the apparatus work, we consider that the method has considerable possibilities. The energy that can theoretically be derived from uranium consumed in this way amounts to 12 million H.P. hours per lb. and in addition large amounts of artificial radio-active substances would be formed which might have important applications. Besides the production of the heavy water there are a number of problems still to be solved in making and using such a device. It will be necessary to provide means of controlling the process and preventing an explosion, which though not violent enough to have much military value would wreck the apparatus and building. The rate at which power can be generated is in fact limited by the rate at which it can be taken away in the form of heat, either in steam or some other cooling material. Such a plant would produce radio-active effects of enormous intensity and the greatest care would have to be taken to shield the workers. It is clear that the scheme requires a long term development and we do not consider that it is worth serious consideration from the point of view of the present war.

We are informed, however, that steps are being taken in U.S. to produce heavy water on a large scale, and since Drs. Halban and Kowarski have done all that they can with the supplies which they brought to this country, we think that they should be allowed to continue their work in U.S. Arrangements should be made through the existing channels to keep us informed of their results, since if, as we hope, the work on

MAUD委員会報告書。1941年7月末にイギリスで作成され、9月にアメリカへ届けられた。

それからまもなくシカゴ大学で、原子炉実験の準備がスタートします。原子炉でウランに核分裂連鎖反応を起こし、プルトニウムを生産するための実験でした。この実験に参加する研究室はまとめて冶金学研究所という暗号名で呼ばれるようになります。この年、九月に、原爆開発計画の管轄は、ＯＳＲＤから陸軍工兵隊へ移り、マンハッタン計画が始動。監督責任者にグローブズ将軍が選ばれます。

十月には、グローブズ将軍によって、カリフォルニア大学バークレー校のロバート・オッペンハイマー博士が、原爆の設計を担当する兵器実験所「サイトＹ」（後にニューメキシコ州ロスアラモスに決まる）の科学監督に指名されました。なおグローブズ将軍は一九四〇年に国防総省庁舎（通称ペンタゴン）の建築を指揮した陸軍の軍人で、「巨大プロジェクトも巨額な予算の扱いもお手のもの」（前出『プルトニウムファイル』）でした。

一九四二年末、冶金学研究所は、原子炉実験に成功します。これを受けて、一九四三年までにテネシー州オークリッジやワシントン州ハンフォードにも大規模な原子炉が作られ、プルトニウムの生産、精製が行われます。オークリッジでは、ウランの濃縮も行われました（天然ウランはウラン２３８とウラン２３５という二種類の同位体で構成されています。このうち原爆の原料として使えるのは天然ウランのわずか〇・七％しかないウラン２３５であるため、ウラン２３５の比率が増えるように天然ウランを「濃縮」する必要がありました）。

ロチェスター
プルトニウム人体実験
シカゴ
世界初の原子炉実験
ワシントンD.C.
マンハッタン計画本部
オークリッジ
ウラン濃縮
チルダーズバーグ
重水生産

マンハッタン計画関連施設は
アメリカ全土に点在した

■保健・医学部門の結成

さて、こうして原爆の原料として、ウラン、プルトニウムが全米の拠点で生産されるとともに、ロスアラモスでは原爆がきちんと機能するための実験がくり返されるようになります。当然、開発拠点の科学者は、放射性物質を日常的に扱わなければなりません。当時、どのような放射性物質にどのくらいさらされても健康に害がないかについてはっきりしたデータはありませんでした。

しかし、放射能による障害があることは明らかでした。よく知られているのは、一九二四年に明らかになった、時計の文字盤に夜光塗料を塗る作業をしていた女性従業員に多発した骨髄炎、白血病、骨肉腫などの障害です。女性従業員は文字の輪郭をブラシでなぞって夜光塗料を塗りつけるとき、ブラシの先端を舐《な》めてとがらせていました。その夜光塗料に放射性物質のラジウムが含まれていたのです。ラジウムはカルシウムと性質が似ているため、骨に沈着します。ラジウムが出すアルファ線によって骨はもろくなり、顎はあくびや寝返りで折れたといいます。骨髄に沈着すると、造血機能が障害を受けました。この事件は訴訟に発展します。

こうした事例の他にも、X線を浴びすぎて命を落とした例がたくさん知られていました。マンハッタン計画に参加する科学者にも放射能障害が出る可能性がありました。そこで、冶金学研究所に保健・医学部門が新設され、国立がん諮問協議会のメンバー、ロバート・ストーンが主任に着任。ストーンは保健部門に、医療課（作業者の健康管理を担う）、保健物理課（汚染状況の把握、放射線計測器の開発を担う）、生物学研究科（外部被ばく、内部被ばくの生体に対する影響の調査を担う）の三つの課を作りました。

また、ロスアラモス実験所の保健部門の主任としてワシントン大学のルイス・ヘンペルマンが就任。オークリッジの医学部門の主任に、ロチェスター大学のスタッフォード・ウォレンが選ばれます。彼らが連携を取りつつ、X線の全身照射実験や、プルトニウムの注入による人体実験も含む放射能実験をくり返してきた経緯は、「アルバカーキ・トリビューン」の記者アイリーン・ウェルサムによる前出『プルトニウムファイル』に詳しく書かれています。

マンハッタン計画の保健部門、医学部門の医師らは、放射性物質の危険性をよく知っているはずです。ところが戦後、大半の関係者はそれを否定あるいは過小評価します。

なぜでしょうか。おそらく理由の一つは、「**放射能被害の補償訴訟を最小限にすること**」（前出『原爆投下のシナリオ』）でした。マンハッタン計画に関わった作業員、科学者に放射能障害が出れば、訴えられる可能性があったのです。いや、マンハッタン計画の関係者だけではありません。トリニティー実験の爆心地から風下に住んでいたニューメキシコ州の住人（避難されずに放置された先住民を含む）にも放射能の影響が実験前から懸念されていましたが、事前に警告も与えられず、被ばくしました。これによって乳児死亡率が増加したとする調査もあります（前出書）。

また、戦後、広島、長崎に入った占領軍のアメリカ兵にも、さまざまな放射能障害が見られました。彼らはアトミック・ベテラン（放射能を浴びた退役軍人）として知られています。

■グローバルヒバクシャ

日本で「ヒバクシャ」と言えば、一般に広島、長崎の被爆者を指しますが、広島、長崎以前にもヒバクシャ（「被爆者」と「被曝者」の両者を示す核被害者）はたくさんいました。アメリカのウラン鉱山の労働者（その多くは先住民）はもちろん、戦後の核実験に携わった作業員や兵士、核実験場の付近の一般市民もヒバクシャです。原発作業員や、原発事故によってまき散らされた放射性物質を空気、食料を通じて取り込んでしまった人々もまたヒバクシャです。これら世界各地のすべてのヒバクシャ（核被害者）を指して、「グローバルヒバクシャ」と呼びます。世界中に膨大な数のグローバルヒバクシャがいることを考えれば、その補償訴訟もまた大規模なものになるわけです。

もし放射能による障害が広く認められるようになれば、原爆（核兵器）を保有することはできなくなるでしょう。毒ガスと同じく原爆も非人道的兵器であることが明らかになってしまうからです（現在、多国間条約によって生物兵器と化学兵器の開発、生産、貯蔵、使用が禁止されています）。しかし、アメリカは戦後も原爆を保有したかった。だから、原爆が「汚い兵器」だという評価を認めませんでした。原爆投下前は、放射性物質を毒物とほぼ同一視していたにもかかわらず、です。

占領軍が一九四五年九月十九日以降、原爆投下に関するあらゆる報道を禁じたのも、原爆の被害の実状を世界に知られたくないためでした。マンハッタン計画は、その保健部門、医学部門によるヒバクシャ被害の過小評価を通じて「原爆が汚い兵器である」という批判をかわし、アメリカの核戦力の維持に力を尽くしたわけです。マンハッタン計画のこういう側面にも注意していただきたいと思います。

広島、長崎の被爆調査の過小評価は、そのまま現在の放射線防護基準に反映されています（詳しくは第二部Q&A⑥⇩209ページ）。

5 投下先として広島と長崎が選ばれたのはなぜでしょうか？　また、なぜ一発でなく、二発投下されたのでしょうか？

原爆を投下する対象として日本の名が最初に挙がったのは、一九四三年五月五日だったと前に述べました（⇩58ページ）。このとき検討されたのは、当時日本の基地が置かれていたカロリン諸島のトラック島です。ここに集結している日本艦隊が投下先の候補とされました。当時は、原爆が完成したとしてもどれくらいの確率で狙い通りに爆発するのかわからず、不発のリスクもあることから海への投下が適当だろうと考えられました。もし不発でも、日本軍に原爆をすぐに発見されないようにするためです。

広島、長崎が候補として挙がるのは、一九四五年四月二十七日に開かれた目標選定委員会においてです。目標選定委員会は、グローブズ将軍によって組織され、彼自身を委員長とし、彼の副官トーマス・ファーレルや、空軍の軍人、マンハッタン計画の科学者がメンバーとして参加しました。委員会の目的は、その名の通り、原爆投下の目標を選定することです。

四月二十七日の第一回目標選定委員会では十七都市が候補として挙げられました。広島、長崎の他に、東京湾、川崎市、横浜市、名古屋市、京都市、大阪市、神戸市、呉市、下関市、山口市、八幡市、小倉市、熊本市、福岡市、佐世保市が含まれます。五月十日から十一日にかけて第二回目標選定委員会が開かれ、京都、広島、横浜、小倉、新潟の五カ所に絞られました。優先順位は京都、広島が「AA」で最も高く、次いで横浜と小倉が「A」、その下が新潟で「B」でした。

■狙われる都市

ここに挙げられた候補はトラック島の基地のような軍用地ではなく、いずれも都市です。もし原爆を都市に落とせば多数の民間人が犠牲になることは明らかでした。しかし、そのことに心理的抵抗を感じるアメリカの軍人はあまりいなかったかもしれません。すでにアメリカはこのときまでに日本の都市をいくつも空爆し、民間人の犠牲を多数出していました。むしろ被害を大きくすることで、心理的打撃を与えることが、空爆の目的でした。一九四五年五月十日、ロスアラモスで開催された目標選定委員会は次の意見で一致しました。

目標選定でもっとも大切なのは心理的要素である。その二つの側面は、(1)日本に対し最大の心理的効果をあげる、(2)最初の使用を十分に派手なものにし、これを公表したさい、原爆の重要性を世界的に認めさせること。

⑴にあるように、通常の空爆と同じように、原爆においても「心理的効果をあげる」ことが重視されました。まさに「無差別爆撃の延長」として原爆が位置づけられるわけです。さらに⑵から、日本のみならず、世界に対して、原爆の威力を誇示しようとしたこともわかります。

大規模な兵器工場（小倉陸軍造兵廠）を擁した小倉よりも、「人口百万の工業地域」で、「日本の古都」である京都のほうが有利とされたのも「心理的な観点から」でした。「京都は文化の中心地であり、その住民は、原爆の意義をよく理解できる」と考えられたのです。また、盆地のため原爆が効果を発揮しやすいというのも京都が第一候補に挙げられた理由です。

第二回目標選定委員会で目標に選ばれた五都市は、その後、通常爆撃の目標からは外されます。「通常爆撃で被害を受けた後の原爆投下では、原爆そのものの効果を後で評価しにくくなる」とグローブズ将軍らが考えたからです。

投下場所の選定の他、第二回目標選定委員会では、原爆の使用方法についても検討されています。ある技術専門家が、「日本に対し、原爆投下を事前に警告したらどうか」と提案したところ、ある将校から、「警告などすれば敵に爆撃機を追尾され、撃墜されてしまう」と反論されました。科学者の間には、「原爆をいきなり実戦使用するのではなく、原爆実験に日本人を招いてあらかじめその威力を知らせるべきだ」とか、「事前警告すべき」といった意見が根強くありましたが、軍人には一顧《いっこ》だにされませんでした。

原爆の使用方法については、一九四五年五月に設置された暫定委員会でも議論されました。こ

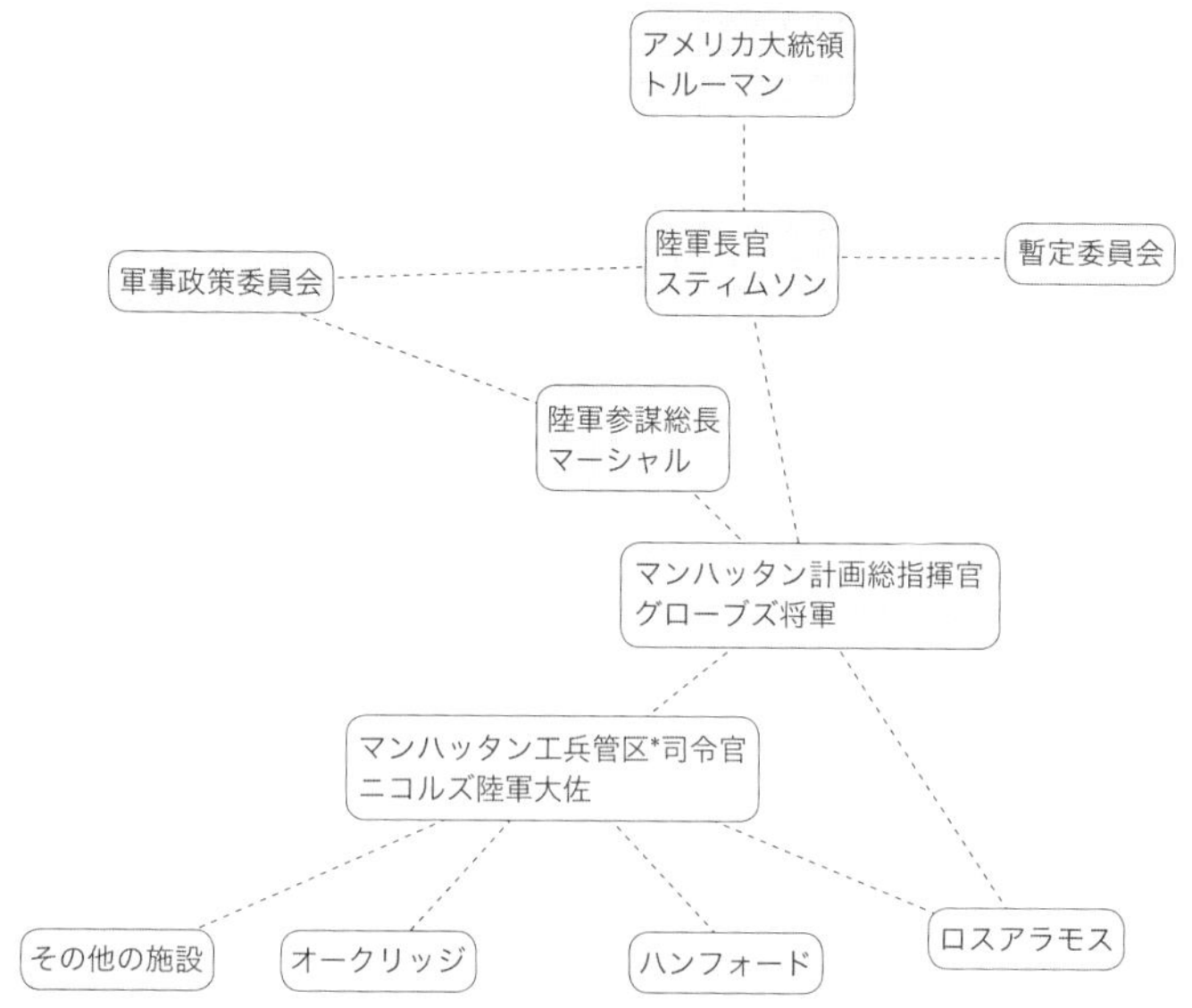

＊マンハッタン工兵管区は、マンハッタン計画を実行した組織名
A.マキジャニ／J.ケリー共著　関元訳『原爆投下のシナリオ』（教育者）の「原爆開発指揮系統図　1945年5月29日現在」を一部改変して作製

原爆開発計画の指揮系統図

の委員会は、戦後の原子力政策について検討することを目的として設置されましたが、原爆の軍事使用と戦後の政策とが分かちがたく結びついていると考えられたため、暫定委員会でも、原爆の軍事使用について議論が及んだのです。

メンバーはスティムソン（委員長）、海軍次官ラルフ・バード、科学顧問のヴァネヴァー・ブッシュ、ジェームズ・コナント、七月から国務大臣に就任することが内定していた大統領の代理人ジェームズ・バーンズなどから構成されました。

五月三十一日の暫定委員会は、コナントの提案にしたがって、「最も望ましい目標は、極めて重要な軍事工場であり、かつ大勢の従事者が働いており、かつ従業員の住宅に隣接して囲まれているような所」ということで合意に達しています。軍需工場を最も望ましい目標としていますが、その周辺に従業員の住宅が隣接していることも同時に候補地の条件に入っていることに注目しましょう。「このように繊細かつ遠まわしな表現を用いて、ハーバード大学の学長〔コナント〕が世界初の原子爆弾の標的として一般市民を選んだ」（前出『オッペンハイマー』）のです。さらに、この日の合意では、「日本に対して原爆を警告なしで使用すること」も決まっています。

五都市の候補のうち、まず横浜が、占領政策に利用する可能性があることから候補から外されました。また、AA級の目標だった京都もスティムソンの強硬な反対にあって外されました。スティムソンは戦前、新婚旅行で京都を訪れた経験があり、日本人にとって京都が持つ意味をよく知っていました。「もし〔京都の〕除外がなされなかったならば、このような無慈悲な行為が日本人に遺恨の念を植えつけ、その結果、日本人はわれわれよりもロシア人になびく可能性があり、長い占領政策を不可能にする危険があるという意見を述べたところ、彼〔トルーマン〕は、これに強く賛同した」（「スティムソン日記」一九四五年七月二十四日付）京都が外れた代わりに、あらためて候補に加わったのが長崎です。こうして七月二十五日までに、広島、小倉、新潟、長崎が候補に決まりました。

広島は第一候補であったため、天候の条件が整った八月六日にまず投下されました。二発目の第一目標は小倉でしたが、八月九日、小倉の空を雲や煙が覆って視界不良のため、投下部隊は急遽、目標を長崎へ変更しました。こうして最終的に広島と長崎に原爆が投下されたわけです。

■二発の理由

それでは二発、それも間髪《かんはつ》を入れず、わずか三日しか空けずに落としたのはなぜでしょうか。

ドイツの戦争犯罪を裁くために開かれたニュルンベルク裁判で、主席検事を務めたテルフォード・テイラー（アメリカ軍准将）は、「**広島の是非については議論の余地がある。しかし、長崎を正当化するもっともらしい理由を聞いたことがない**」と述べています。

また、アメリカの軍事外交文書を調査し、原爆開発史や原爆投下に至る政策決定過程に関する研究に取り組むスタンフォード大学のバートン・バーンスタイン教授は、「一発目の原爆投下の必要性をどのように考えるかはともかく、八月九日に長崎に落とされた二発目の原爆は、ほぼ間違いなく不必要なものだった」と指摘しています（「検証・原爆投下決定までの三百日」『中央公論』一九九五年二月号）。

近年のアメリカにおける議論を見ていても、とにかく長崎までは不要だったと考える歴史家、知識人が多いように思います（冒頭の講義篇で紹介したオリバー・ストーン監督のように、降伏への道を探りつつあった日本に対して、二発目の原爆はもちろん一発目も必要なかったと考える人もいます）。

さて、それでは原爆開発や政策決定に関わった当事者はどう考えていたのでしょうか。マンハッタン計画を指揮し、目標選定委員会の委員長を務め、さらに、暫定委員会にもオブザーバーとして参加したグローブズは回想録の中で次のように述べています。

パーネル提督と私は、日本に立直りの余裕を与えないようにつづけざまに第二弾を加えることが肝心だとたびたび打ち合わせていた。この二発の原爆が戦争を終わらせることになろう、という意見を最初に表明したのはパーネル提督自身であった（レスリー・R・グローブズ『原爆はこうしてつくられた』恒文社）。

戦後、グローブズは一九六七年五月のインタビューで、「［パーネルと議論を重ねるうちに］一九四四年十二月以降、二発の原爆が戦争を終わらせると考えるようになった」と語っています（Noris"Racing for the Bomb"注より）。グローブズ将軍によれば、軍事政策委員会のメンバーのうちパーネル以外は「二発以上の原爆が必要だ」と考えていたといいます。しかしパーネルは、一発目で原爆に何が可能かを示し、二発目でアメリカが原爆を量産できることを日本に納得させ、それによって日本に降伏の口実を与えることができると考え、グローブズ将軍もこの「二発論

プルトニウム型原爆「ファットマン」

ウラン型原爆「リトル・ボーイ」

(two bombs theory)」に納得したというのです。

実際、一発目として広島に使われたウラン型原爆は、濃縮ウランの製造が困難なため量産が難しい原爆であるのに対して、二発目として長崎に使われたプルトニウム型原爆は、原子炉を運転すればどんどんプルトニウムができるので量産しやすい原爆でした。ただしウラン型原爆のほうが構造が簡単(片方のウランの塊をもう片方のウランの塊に打ち込むだけ＝砲身型《ほうしんがた》)で爆発させやすいのに対して、プルトニウム型原爆のほうが構造が複雑(多数の爆薬を同時に爆破させ、その圧力でプルトニウムの密度を一気に高める＝爆縮型《ばくしゅくがた》)でした。

そのため、ウラン型原爆は実験すら行われず、広島にいきなり実戦使用されましたが、プルトニウム型原爆には起爆装置が狙い通りに作動するかどうか実験の必要がありました。それが一九四五年七月十六日にニューメキシコ州アラモゴードで行われたトリニティー実験です。つまり、ウラン型原爆は構造が簡単だが量産が困難、プルトニウム型原爆は構造が複雑だが量産が簡単という一長一短があったわけです。原爆の量産が可能であること、言いかえれば、アメリカは原爆をたくさん持っているぞ、ということを示すためにはプルトニウム型原爆を使わなければならなかったわけです。

原爆投下にソ連を威嚇《いかく》する目的が含まれていたとしたら、プルトニウム型原爆の使用はとりわけ重要だったと考えられます。ウラン型原爆だけで終われば、ソ連に「アメリカの原爆は一個しかなかった。ウラン型原爆だけなら二発目ができるまでに時間がかかる」と推測される可能性があるからです。アメリカで原爆投下の意思決定に関わった軍関係者は、マンハッタン計画の科学者から、ソ連の科学者も原爆の基本的な仕組みについては理解しているはずだと聞かされていました（実際、ソ連はイギリス、アメリカで活動していたスパイによってマンハッタン計画の活動内容をかなり詳細につかんでいました）。

■三発目以降も準備

グローブズ将軍によれば、日本を降伏させるためには二発の原爆が必要で、かつ十分だった。そして実際に二発投下した、ということになります。しかし、本当に彼らが二発で十分と考えていたかどうか、記録からは裏づけられません。

実際の原爆投下命令書を見てみましょう。一九四五年七月二十五日、ワシントンの陸軍参謀総長代理トーマス・T・ハンディ将軍によって署名され、当時ポツダムにいたマーシャル将軍、スティムソン陸軍長官に電話で内容が伝えられ、最終的に調整されたうえで、マリアナ諸島に駐屯していた陸軍戦略航空軍司令官のカール・スパーツ将軍に送られた命令書です。

一、第二〇航空軍第五〇九混成群団は、一九四五年八月三日ごろから以降、天候が許し次第、目標：広島、小倉、新潟、長崎のうちの一つに、最初の特殊爆弾を目視攻撃により投下することとする。この爆弾の爆発効果を観測し記録する目的で、陸軍省から派遣した軍と民間の科学者要員を運ぶためには、余分な機を爆弾搭載機に随行させることとする。これらの観測機は、爆弾の爆発点から数マイルの距離にとどまることとする。

二、計画要員によって準備が整い次第、上記の目標の上に追加の爆弾を投下することとする。上に列挙した以外の目標に関しては、追って指示を与える。

三、この兵器の対日使用に関する一切の情報を発表する権限は、陸軍長官および合衆国大統領だけが保有することとする。前線の司令官によるこの主題に関する声明や情報の発表は、事前の特別な許可なしには、行ってはならない。一切の報道記事は、陸軍省に送って特別な検閲を受けることとする。

四、上記の命令は、合衆国陸軍長官と参謀総長の承認のもとに、その指示によって貴官に発せられる。貴官はこの命令書の写し一通をマッカーサー将軍に、また一通をニミッツ提督に、情報として送達されたい。（Wikipedia「広島市への原子爆弾投下」）

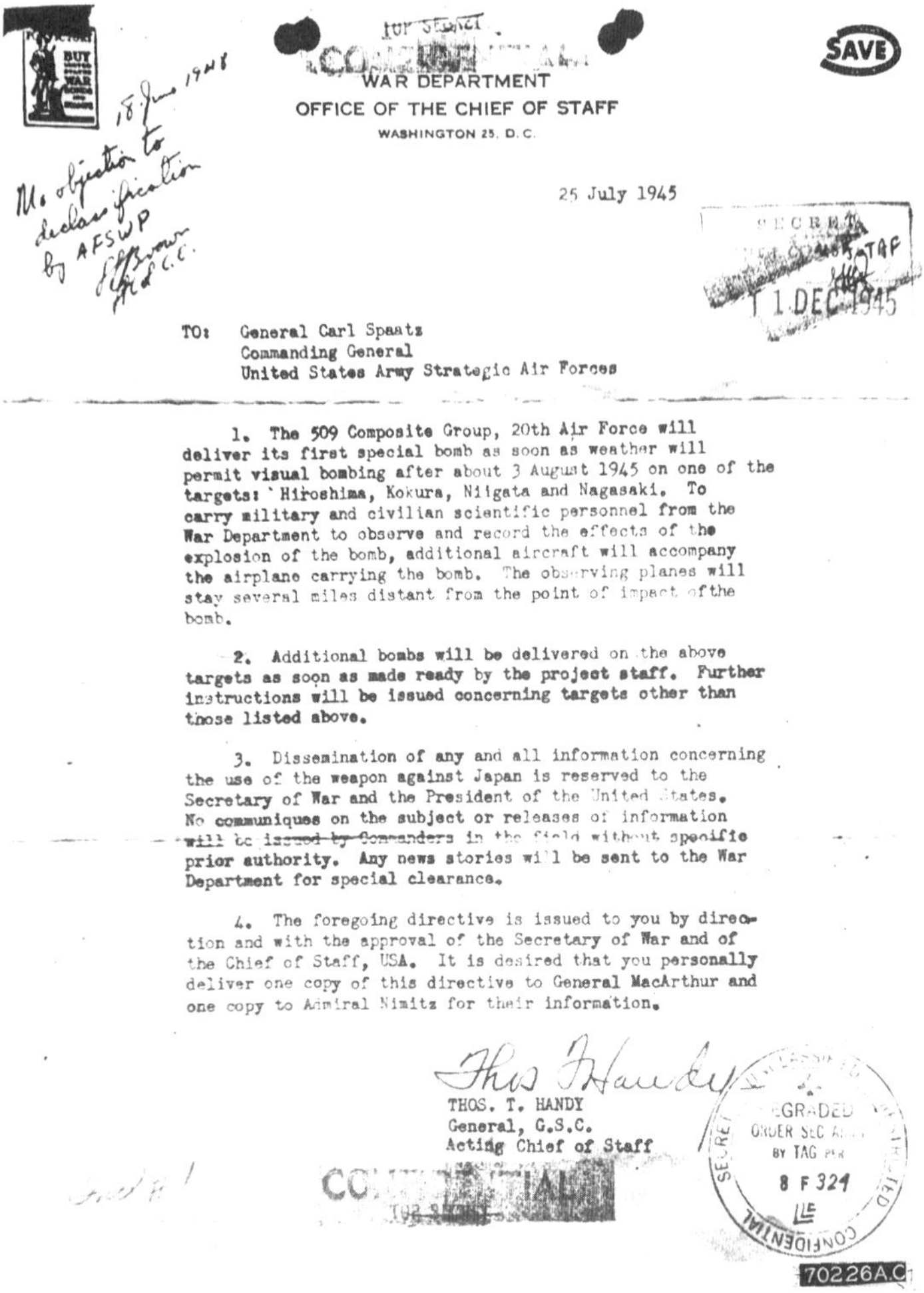

WAR DEPARTMENT
OFFICE OF THE CHIEF OF STAFF
WASHINGTON 25, D.C.

25 July 1945

TO: General Carl Spaatz
Commanding General
United States Army Strategic Air Forces

1. The 509 Composite Group, 20th Air Force will deliver its first special bomb as soon as weather will permit visual bombing after about 3 August 1945 on one of the targets: Hiroshima, Kokura, Niigata and Nagasaki. To carry military and civilian scientific personnel from the War Department to observe and record the effects of the explosion of the bomb, additional aircraft will accompany the airplane carrying the bomb. The observing planes will stay several miles distant from the point of impact of the bomb.

2. Additional bombs will be delivered on the above targets as soon as made ready by the project staff. Further instructions will be issued concerning targets other than those listed above.

3. Dissemination of any and all information concerning the use of the weapon against Japan is reserved to the Secretary of War and the President of the United States. No communiques on the subject or releases of information will be issued by Commanders in the field without specific prior authority. Any news stories will be sent to the War Department for special clearance.

4. The foregoing directive is issued to you by direction and with the approval of the Secretary of War and of the Chief of Staff, USA. It is desired that you personally deliver one copy of this directive to General MacArthur and one copy to Admiral Nimitz for their information.

THOS. T. HANDY
General, G.S.C.
Acting Chief of Staff

70226A.C.

原爆投下命令書。ポツダム宣言が出される1日前の1945年7月25日に発された。
（アメリカ国立公文書館）

命令書の「一」が一発目について言及しています。それでは「二」は何を意味しているでしょうか。「準備が整い次第、上記の目標の上に追加の爆弾を投下することとする」とあり、「二発目を投下せよ。その後の指令は追って連絡する」とは書かれていません。準備が整い次第、次々と投下せよ、といっているのです。さらに、「上に列挙した以外の目標に関しては、追って指示を与える」とあることから、広島、小倉、新潟、長崎に投下し終わった後は追加の目標が与えられることまで示唆されています。この命令書から読み取れるのは、**原爆は二発どころか、三発、四発、五発と複数発投下することが原爆投下の実行部隊である第五〇九混成群団に求められていた**ということです。そういう命令が一通の命令書で（ポツダム宣言を発する一日前に）発されたのです。

この命令書にトルーマンの署名はありません。トルーマンは、ほとんどこの作戦に関与していないと考えられています。広島の被害状況について詳しい報告を受けたトルーマンは八月十日の閣議で大統領の許可なしに原爆の使用を停止することを決めました。ただし、三発目の原爆の準備は着々と進められていたことがわかっています（三発目のプルトニウム型原爆は八月十九日までに準備が整い、東京に投下される予定でした）。いずれにしても、七月二十五日に命令を発した時点では、トルーマンが三発目以降の原爆使用について自分の許可を必要とする取り決めをするまでは、何発でも投下することが想定されていたわけです。

プリンストン大学教授の歴史家マイケル・D・ゴーディンは、戦時中の公文書に、日本の降伏を達成するには原爆二発で十分とする記録が見つからないことから、それ自体が、グローブズらによって広められた「神話」であると指摘しています。

アメリカは日本を降伏に追い込むためには二発の原爆で十分ということをあらかじめ知っており、そのため、二発の、しかも二発だけの使用を決定した、という神話である。二発の原爆神話は、マンハッタン計画の政策決定者たちによって書かれた回想録などで幅広く支持された。そのどれ一つとしてヒロシマ直後に書かれたものはなく、降伏後時間がかなり経過した後になって書かれている。(『原爆投下とアメリカ人の核意識』彩流社)

なぜこのような「二発の原爆神話」が生まれたかというと、ゴーディンは、アメリカの予想より早く日本が降伏したからだといいます。そのため、原爆が特別な兵器であることが強く印象づけられ、二発の原爆が降伏を導いたという説が生まれたというのです(何が日本の降伏を導いたかという問題については後で取り上げます)。

いずれにしても、結果的に原爆は、タイプの異なるものが二発投下されました。なぜ一発ではなく、二発が投下され、実際には投下されなかったものの、三発目以降の準備が進められたのか。それは日本を降伏させるためであり、ソ連を威嚇《いかく》するためでもあったでしょう。

■新型兵器の実戦使用と人体実験

しかし、私は他にも目的があっただろうと考えています。それは新型兵器の実戦使用による実験、とりわけ人体実験という目的です。広島だけでなく長崎にまで間をおかずに（しかも、その間にソ連参戦があるのにもかかわらず）二発の原爆を連続投下したのは、ウラン型（広島）とプルトニウム型（長崎）二種類のタイプの異なる二発の原爆の、新しい大量破壊兵器としての都市に与える破壊力や人体への放射能の影響を含む殺傷能力などの効果を知るためでした。

もう一度、原爆投下命令書をご覧ください。

「一」に、「この爆弾の爆発効果を観測し記録する目的で、陸軍省から派遣した軍と民間の科学者要員を運ぶためには、余分な機を爆弾搭載機に随行させることとする。これらの観測機は、爆弾の爆発点から数マイルの距離にとどまることとする」とあります。原爆搭載機とは別に、天候観測機、写真撮影機を飛ばして原爆の投下状況を記録し、さらにラジオゾンデを投下して原爆の効果を測定することが指令されているのです。まずここに原爆投下の技術実験的な性格があらわれています。

人体実験としての原爆投下の側面に早くから注目していたのは、広島大学名誉教授で社会学者・哲学者の芝田進午《しばたしんご》氏でした。

広島・長崎への原爆攻撃の目的は何だったのか。一つには戦後世界での米国の覇権確立であり、二つには「原爆の効果」を知るための無数の人間への「人体実験」だった。だからこそ、占領直後に米軍が行ったことは、第一に、原爆の惨状についての報道を禁止し「人体実験」についての情報を独占することだった。第二に、史上前例のない恐ろしい火傷、放射能障害の治療方法を必死に工夫していた広島・長崎の医者たちに治療方法の発表と交流を禁止するとともに、死没被爆者のケロイドの皮膚や臓器や生存被爆者の血液やカルテを没収することだった。第三に、日本政府をして国際赤十字からの医薬品の支援申し出を拒否させることだった。たしかに「実験動物」を治療するのでは「実験」にならない。そこで、米軍は全力を尽くして被爆者の治療を妨害したのである。第四に、被爆者を「治療」せず「実験動物」のように「観察」するABCCを広島・長崎に設置することだった。加害者が被害者を「調査」するというその目的自体が被爆者への人権蹂躙ではなかったか（「被爆者救護法――もうひとつの法理」『毎日新聞』一九九四年九月六日より）。

原爆は人が最も外出する朝の通勤・通学ラッシュの時間帯を選んで、都市の中心部に落とされました。人的被害が最大になるべく使われたわけです。そのうえ、戦後、アメリカは被爆者を治療するどころか、治療する日本人医師の活動を妨害までしました。そればかりでなく、アメリカは外部から広島市、長崎市へ入ることを禁止し、国際赤十字など海外からの支援も妨害し、一切の原爆報道を禁止しました。原爆の威力を最大限引き出そうとし、それが人体に与える影響を調べつくそうとしたわけです。当時の日本政府もそれに協力しました。

なぜそのような無茶苦茶なことが可能だったのか。トルーマンは、長谷川毅《つよし》『暗闇』（文春文庫）によれば、長崎への原爆投下後、ラジオで「真珠湾で警告なしにわれわれを攻撃した者たちにたいして、アメリカの捕虜を餓死させ、殴打し、処刑した者たちにたいして、また戦争における行動を規定する国際法を遵守《じゅんしゅ》しようとしてみせることさえすべて放棄した者たちにたいしてこの爆弾を使用した」と声明を発しました。

日本の降伏前は、このような激しい報復の感情をトルーマン大統領だけでなく、圧倒的多数のアメリカ国民も共有していました。そして、日本の奇襲攻撃であった真珠湾攻撃で始まった戦争であり（日本側の開戦責任）、軍事的敗北が明らかになって以降も一向に降伏（政治的決定）に応じようとしない日本軍の死に物狂いの戦い方、ポツダム宣言という最後の降伏の機会さえ「拒否」した日本政府の対応などは、原爆を投下する千載一遇のチャンスと口実をアメリカに与えたのだろうと私は考えています。

6 日本は、なぜポツダム宣言を「黙殺」したのですか？ すぐに受諾して降伏していれば、原爆投下はなかったのでは？

ポツダム宣言は、一九四五年七月十七日から八月二日まで、ベルリン郊外のポツダムで行われた会議の終盤に発表されました。この宣言にしかけられた四つの罠《わな》のために、日本は降伏を引き延ばす口実をアメリカに与えたと私は考えています。

■短波放送で伝達

一つ目の罠は、これが**正式の外交チャンネルを通じてでなく短波放送で日本に伝達された**ことです。これには回答期限もつけられていませんでした。

普通このように重要な外交文書は、外交チャンネルを通じて伝えられます。第二次大戦の場合、戦争に参加していなかったスイスやスウェーデンなどの中立国が外交チャンネルとして機能していました。戦争の当事国同士は外交を断絶していても、連絡する必要は生まれます。そういうとき中立国に駐在する外交官を通じて文書をやりとりするのです。それが正式な外交の手段です。一方、短波放送は宣伝の手段として使われていました。

つまり、ポツダム宣言は、外交文書としては異例の方法で発表されたのです。ポツダムに連合国の首脳が集まって会議をすることは、日本でも知られていました。日本に対する最後通牒が発表されることもわかっていた。それなのにいつもは宣伝手段で使われる短波放送で宣言が伝えられた。日本の政策決定者たちは、この宣言をどれくらい真剣に受けとめればいいのかはっきりとはわからなかったはずです。回答期限がなかったことも日本側を当惑させました。

このような発表の仕方は、アメリカが意図的に行ったものですが、少なくとも日本にこの宣言を軽く見させる効果をもたらしたと考えられます。

■ソ連、参加せず

短波放送での伝達という罠は、どちらかというと形式的な罠といっていいでしょう。次の罠は一見形式的なものですが、そこには重大な意味が含まれていました。それは、**ソ連が、ポツダム宣言として発表された共同声明の参加国に含まれていなかった**ことです。

ポツダム宣言の第一条の原文は、“We-the President of the United States, the President of the National Government of the Republic of China, and the Prime Minister of Great Britain...”とはじまります。日本

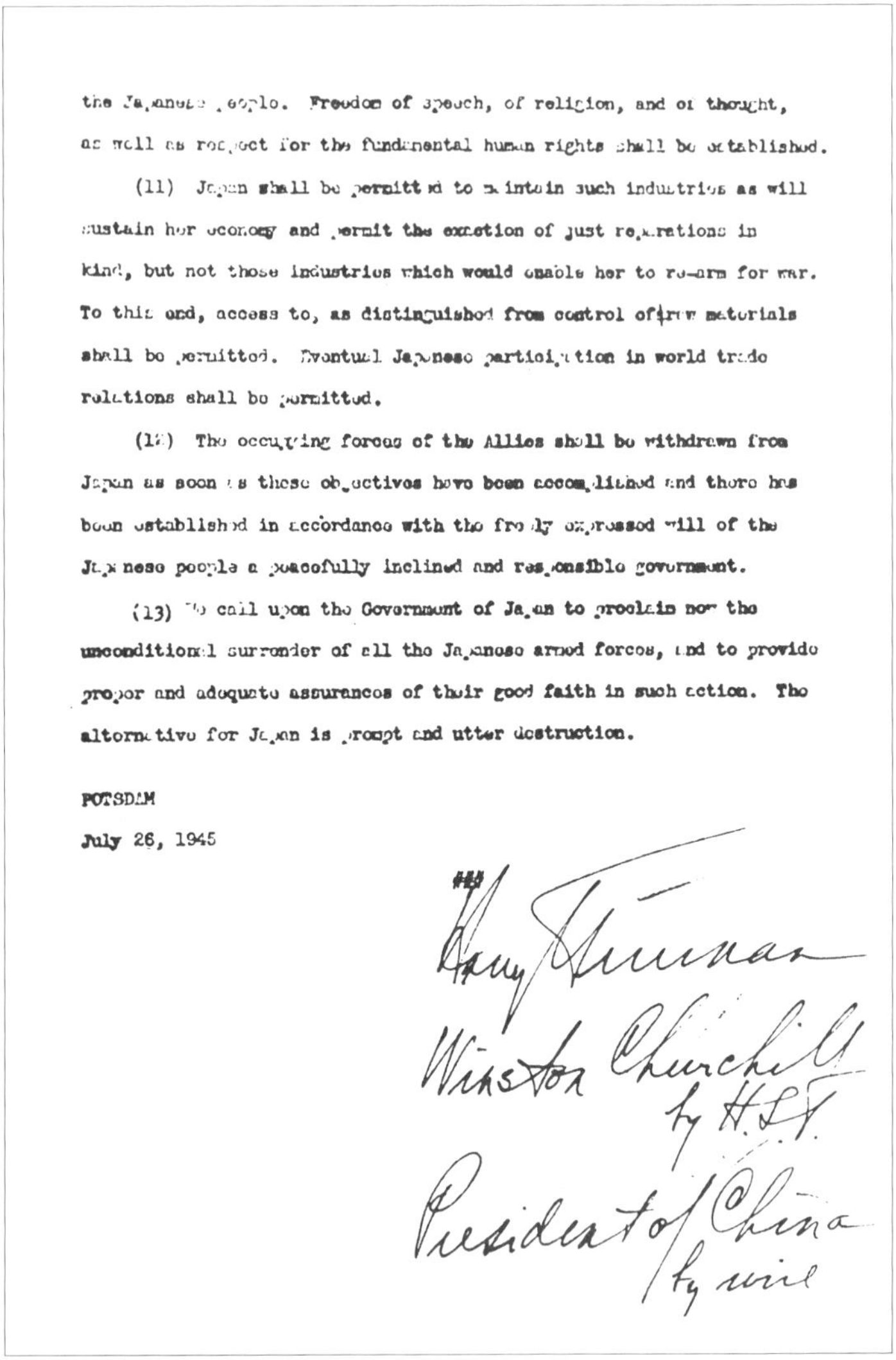

the Japanese people. Freedom of speech, of religion, and of thought, as well as respect for the fundamental human rights shall be established.

(11) Japan shall be permitted to maintain such industries as will sustain her economy and permit the exaction of just reparations in kind, but not those industries which would enable her to re-arm for war. To this end, access to, as distinguished from control of raw materials shall be permitted. Eventual Japanese participation in world trade relations shall be permitted.

(12) The occupying forces of the Allies shall be withdrawn from Japan as soon as these objectives have been accomplished and there has been established in accordance with the freely expressed will of the Japanese people a peacefully inclined and responsible government.

(13) We call upon the Government of Japan to proclaim now the unconditional surrender of all the Japanese armed forces, and to provide proper and adequate assurances of their good faith in such action. The alternative for Japan is prompt and utter destruction.

POTSDAM

July 26, 1945

Harry S Truman

Winston Churchill
by H.S.T.

President of China
by wire

ポツダム宣言の署名欄。上からハリー・トルーマン、ウィンストン・チャーチル（トルーマン代筆）、中国主席（トルーマン代筆）の署名はあるものの、スターリンの署名がない。（Granger. com, NYC）

語では「我々、合衆国大統領、中華民国総統、英国首相は…」で、ここにソ連の最高指導者は含まれていません。

これが日本に衝撃を与えました。当時、外務省政務局長だった安東義良《あんどうよしろう》は、「まずわたしが気づいたのは、ポツダムにいるはずのスターリンが宣言に参加していないのはどういうことかということだった」と証言しています（読売新聞社編『昭和史の天皇　3』中公文庫）。

日本の外務省は、アメリカとの和平を仲介してもらうべく、何度もソ連に探《さぐ》りを入れていました。アメリカと直接交渉するより、ソ連から和平を呼びかけてもらい、それに応じる形を取る方が、日本にとって有利な条件で休戦できると考えられたからです。かつて日本は日露戦争の際、アメリカ（ウッドロー・ウィルソン大統領）の仲介でロシアと講和条約を結びました。その前例にならって、今度はソ連の協力を仰ごうとしたわけです。

日本側のソ連への接近は、アメリカとの和平の仲介以上に、間近に迫りつつあったソ連の対日参戦を防ぐためでした。当時の日本にはそれ以外の選択肢はなかったのです（そのことを考えれば、日本敗戦史でよく出される「ソ連への和平仲介は国際常識を理解しない外交音痴の無謀な試みであった」との批判は当たらないと思います）。

七月七日には、ついに昭和天皇がソ連への特使派遣を政府に求め、首相を三回務め、和平運動のリーダー的存在だった近衛文麿《このえふみまろ》が特使に選ばれます。外相の東郷茂徳《とうごうしげのり》から、駐ソ大使の佐藤尚武《さとうなおたけ》に、次のようなメッセージをソ連側に伝えよ、と電報が送られました。

天皇陛下に於かせられては今次戦争が交戦各国を通じ国民の惨禍と犠牲を日々増大せしめつつあるを御心痛あらせられ戦争が速やかに終結せられんことを念願せられ居る次第なるが大東亜戦争に於て米英が無条件降伏を固執する限り帝国は祖国の名誉と生存の為一切を挙げ戦ひ抜く外無く之が為彼我交戦国民の流血を大ならしむるは誠に不本意にして人類の幸福の為成るべく速やかに平和の克服せられんことを希望せらる。

天皇の意志をはじめて伝える極めて重要なメッセージでした。佐藤大使は、電報を受けとった七月十三日、なんとかソ連外相のモロトフと会見しようと奔走しますが、時すでに遅し。ポツダムへの出発を翌日に控え、多忙のためモロトフとの会見は不可能というのがソ連側の答えでした。特使派遣を受け入れるかどうかの回答も得られませんでした。結局、佐藤大使は外務副人民委員のロゾフスキーに東郷のメッセージを渡し、ロゾフスキーからポツダムのソ連代表団にメッセージを送ったうえで返事をするという約束を取りつけるだけで精いっぱいでした。

その返事待ちをしているときに発せられたポツダム宣言に、ソ連が参加していなかったわけです。このことで日本側は期待しました。スターリンが主催するポツダム会談のなかで対日問題は話し合われたはずである。スターリンはポツダム宣言の内容を承知しながら、そこに参加しなかった。ということは、予想されていたソ連の対日参戦はしばらく開始されないのだろう。ソ連は天皇からの特使を受け入れ、アメリカとの和平交渉を仲介してくれるのかもしれない、という期待です。根拠のない楽観的観測であったといえます。

日本は、いずれソ連が満州の関東軍を攻撃してくると踏んでいました。大本営政府連絡会議（軍と政府が協議して国策を調整する会議）が一九四五年二月十五日に採択した「世界情勢判断」で、ソ連が「対日武力戦を発動するに至るの算あり」と予想しています。四月には、モスクワを視察した浅井勇中佐（陸軍駐在武官補佐官）が「ソ連の対日参戦はいまや不可避と判断される」という報告を河部虎四郎中将（参謀次長）に上げています。浅井中佐は、シベリヤ鉄道で一日当たり十二から十五列車もの軍事輸送が行われている様子を目撃していました。

太平洋戦争開戦前の一九四一年四月、日本とソ連は日ソ中立条約を結び、互いに相手国に対して侵略行為を行わないと誓いました。しかし、日本とソ連の関係は決して良好ではありませんでした。その年六月にドイツ軍がソ連に侵攻して、独ソ戦が始まると、ソ連は連合国の一員として、日本と敵対するアメリカ、イギリスから物資や武器の支援を受けるようになります。

日本を驚かせたのは、一九四四年十一月七日のスターリンの演説でした。ソ連革命記念日のこの日、スターリンは日本を侵略国として名指ししたのです。ソ連が連合国の側に立っていることは明らかでした。

日ソ中立条約の有効期間は五年で、最初の期限は一九四六年四月二十六日に切れることになっていました。期限が切れる一年前までにどちらかの国が廃棄を通告しない場合、自動的に有効期間がさらに次の五年間延長される取り決めでしたが、一九四五年四月六日、ソ連は日本に、中立条約を延長しない旨、通告します。日本はソ連と戦うドイツと同盟を組み、かつソ連の同盟国であるアメリカ、イギリスと戦っているから、というのがその理由です。

日本は知るよしもありませんでしたが、この一年以上前、スターリンは、一九四三年十一月末に開催されたテヘラン会談で、ルーズベルト、チャーチルに対して、ドイツ降伏の三カ月後に対日参戦を示唆しています。さらに、一九四五年二月のヤルタ会談で、スターリンはルーズベルト、チャーチルに対して、ドイツ降伏後二カ月か三カ月後に対日参戦することを約束します。これは密約でしたが、スウェーデン公使館附武官の小野寺信陸軍少将が情報をつかんで、日本に送っています。ただし、この極めて重要なソ連参戦の密約情報が外務大臣など政府の要人レベルには伝えられなかったと考えられています。

こうしてかなり早い段階から、日本にはソ連参戦を予期することができました。しかし、問題はソ連参戦はいつなのか、でした。シベリヤ鉄道による極東への軍事輸送も着々と進められていましたが、軍事指導者たちは、戦端が開かれるまでに少なくとも八月いっぱいかかるだろうと予測していたのです。それまでに日本としては、特に主戦派の陸軍としては、本土決戦でアメリカに一撃を加え、なるべく日本に有利な条件で和平協定を結びたいと考えていました。ポツダム宣言へのソ連不参加は、日本のこのような期待に添うものであったのです。

■出し抜かれたスターリン

しかしポツダムでは日本の思惑とは違う事態が進行していました。スターリンが対日宣言に参加しなかったのは、当然参加を求められると想定していたスターリンの不意を突いてトルーマンが宣言を発表したからです。モロトフ外相は、ポツダム宣言発表の直前に、ソ連抜きであることを知らされ、ソ連にも加わる資格があると抗議しています。対日宣言への参加はソ連にとって、破棄されることが決まっていてもいまだ有効期間内の日ソ中立条約を破って対日参戦するお墨付きになるからです。

しかしアメリカは、現時点で日本とソ連は交戦状態にないとの理由でソ連の宣言への参加を認めませんでした。ソ連は自前のポツダム宣言草案を用意していたのにもかかわらず、会談期間中、対日問題は討議すらされませんでした。実際に発表された宣言文は、アメリカが主導して作りあげたものだったのです（最終段階でイギリスの修正が少し入りました）。

アメリカがソ連を対日宣言に加えない理由として挙げた、日本とソ連が交戦状態にないというのは、表向きの理由だと考えられます。バーンズ国務長官が戦後出版した回想録で「もしロシア人が〔対日〕参戦しないということに決まれば、私はきっと満足したであろう」と述べているように、アメリカの真意はソ連の対日参戦を防ぐ、あるいはそれを遅らせ、その効果を最小限にすることでした。

また、ソ連のポツダム宣言への不参加が、日本の受諾《じゅだく》を妨げる一因になることをアメリカは知っていたのだろうと私は考えています。ソ連が実際に参戦するか、これから参戦すると予告するだけで日本がどれだけ大きな衝撃を受けるか、アメリカはマジック報告を通じて深く理解していたからです。

その意味で、ポツダム宣言へのソ連不参加が「罠」の一つです。ちなみにポツダム宣言の書類にはトルーマン、チャーチル、蔣介石の署名が記されていますが、チャーチルと蔣介石の署名はどちらもトルーマンによる代筆です。チャーチルは、イギリス総選挙で負けて首相の座を失ってポツダム会談を途中で切り上げて帰国し、蔣介石はそもそもポツダムに来ていませんでした。両者に了解を得ていたとはいえ、国家の代表の署名を一人で書いてしまうなど前代未聞のことではないでしょうか。

■天皇制容認条項の削除

三つめの罠は、実質的な内容に関するもので**天皇制を容認する条項を草案から削除してしまったこと**です。これについてはすでに述べました（⇩47ページ）。日本は長らく降伏の道を探っていましたが、降伏に当たって受け入れ可能な条件については、軍（陸軍、海軍）、政府、天皇それぞれによって違いがありました。しかし、これら三者が共通して、これだけは譲れないと考えていたのが国体護持、つまり天皇制の容認だったのです。

ポツダム宣言では、スティムソンらが作成した草案第十二条にあった「現在の皇室の下での立憲君主制を含む」という表現が消え、「日本国国民が自由に表明した意志による平和的傾向の責任ある政府の樹立を求める。この項目並びにすでに記載した条件が達成された場合に占領軍は撤退するべきである」という条文が日本に突きつけられました。「日本国民が自由に表明した意志による平和的傾向の責任ある政府」という表現は、国民が望むなら天皇制も認められているとも読み取れます。

しかし、本当にそうかどうかわかりませんし、もし天皇制を国民が望んだとしても、アメリカを中心とするポツダム宣言参加国が「この項目並びにすでに記載した条件が達成された」と評価しなければ、やはり天皇制は認められないことになる。天皇制の容認が日本にとって譲れない条件であることをアメリカはよく知っていて、なおかつたとえそれを認めても占領統治に害はないことまで知っていたにもかかわらず、草案にあった天皇制容認条項をわざわざ削除しました。七月になって国務長官に就任したバーンズが主導する形でアメリカ側が意図的に罠をしかけたと考えざるを得ません。

■「ノーコメント」が「拒否」に

四つめの罠は、**原爆投下の事前警告がなかった**ことです。ポツダム宣言十三条で「我々は日本政府が全日本軍の即時無条件降伏を宣言し、またその行動について日本政府が十分に保障することを求める。これ以外の選択肢は迅速且《か》つ完全なる壊滅があるのみである」と述べています。最後の「迅速且つ完全なる壊滅」という言葉はあるものの、はっきり原爆とは書かれていません。

原爆開発に携わった科学者の間には、原爆投下前に、日本に警告を与えるべきだという意見がありました。有名なのは、フランク報告です。ジェイムス・フランクを委員長とするフランク委員会（レオ・シラードもメンバーの一人でした）が、無警告での原爆使用に反対する報告書（六月十一日付）を陸軍長官スティムソンに届けたのです。しかし、94ページで述べたように、五月三十一日の暫定委員会で日本に原爆を警告なしで使用することが決まっていたのです。

原爆に関する警告がポツダム宣言に明記されなかったため、日本は「迅速且つ完全なる壊滅」と脅されても、それまで日本全土でくり返された空襲が今後も続くか、いよいよ本土決戦がはじまるといった程度の認識しか持てなかったはずです。それは従来から予想された事態でした。

さて、ここまでがポツダム宣言の四つの罠ですが、宣言の発表後、日本を惑わした出来事がありました。これも一種の罠と考えられます。意図的にしかけられたかどうかはわかりませんが、結果として罠として機能したことはたしかです。

ポツダム宣言が短波放送で日本に伝えられると、日本は最高戦争指導会議や閣議で、対応を協議。七月二十八日の新聞朝刊で、政府のコメントなしで、ポツダム宣言の全内容が報じられたのに続き、翌日には、鈴木貫太郎《かんたろう》首相が記者会見で述べたとして「共同聲明はカイロ會談の焼直しと思ふ、政府としては重大な価値あるものとは認めず黙殺し、斷固戰争完遂に邁進する」というコメントが朝刊で報じられました。

仲晃『黙殺』（ＮＨＫブックス）によれば、この会見で鈴木首相が実際に発言したのは「黙殺」ではなく「ノーコメント」だったと指摘しています。

日本の対外宣伝機関として英語ニュースを発信していた同盟通信は、二十七日に（鈴木首相の記者会見のコメントとしてではなく、権威筋のコメントとして）政府は共同声明を「無視（ignore）する」と伝えました。ところがサンフランシスコに拠点を置くＡＰ通信は、日本政府がポツダム宣言を「拒否（reject）」したと報じたのです。ノーコメントが黙殺へ、黙殺が無視へ、さらに無視が拒否にまで変容してしまったのです。

ノーコメントと拒否とでは意味がまるで違います。しかし、日本はポツダム宣言を拒否したという解釈がアメリカでは一般に広まってしまいます。しかも、鈴木首相が記者会見で記者の質問に答えて述べたに過ぎない「コメント」を、日本政府の正式の回答と見なされたのです。そういう解釈を定着させるのに一役買ったのが、広島原爆後にトルーマンが発表した声明でしょう。

七月二十六日の最後通牒が出されたのは日本の人びとを完全なる破壊から救うためであった。しかし、彼らの指導者はただちにこの最後通牒を拒否した。

実際の発言ではなく、正式の回答でもなかった「拒否」が原爆投下を正当化する口実として使われたわけです。それだけではありません。前に述べたように、原爆投下命令書は七月二十五日に発されています。ポツダム宣言発表の一日前です。ポツダム宣言を日本が受諾するか拒否するか結果を見る前に、すでに原爆を投下する決定が下されていたのです。この経緯を見れば、日本が「最後通牒」を拒否したから原爆を投下したとは言えないことは明らかです。仮にポツダム宣言を日本が受諾した場合、原爆投下を直ちに中止するといった取り決めがあった可能性もありますが、現在のところ、それが確実であったという証拠は確認されていません。

さて、トルーマンは七月二十五日の日記に「われわれはジャップの降伏を求め、人命を救うため、警告を発するであろう。私は彼らが降伏しないと確信している。しかしわれわれは彼らにチャンスを与えるであろう」と記しています。日本がポツダム宣言を拒否することをトルーマンは「確信」していたのです。バーンズの個人秘書ウォルター・ブラウンが七月二十六日に日記に記した、「日本にたいする共同メッセージが発せられる。これは原爆への序曲である」という記述を見れば、バーンズもトルーマンと同じ「確信」を持っていたと考えられます。トルーマンもバーンズも、拒否されると見込んでポツダム宣言を発表したわけです。

彼らの確信を強固なものとするためにしかけられたのが、ここまで述べてきた四つの罠であったと私は考えています。

7

結局、日本が降伏した要因は何だったのですか？

この問題は最初にお話しした原爆神話の二本柱の一つである原爆投下の結果・影響に関わるものです。日本降伏の要因はいくつか考えられますが、大きく二つに分けられます。原爆投下とソ連参戦です。どちらがどれくらいの影響を日本に与えたかについては戦後七十年経っても、評価が定まっていません。原爆投下によって広島と長崎の二つの都市を壊滅されたのが日本降伏の最大の要因という論者もいれば、ソ連の奇襲に慌てふためいて降伏を決断したという論者もいます。

原爆投下は一九四五年八月六日と九日、ソ連参戦は八日に行われました。それから一週間と経たないうちに日本が降伏。日本降伏の要因を原爆投下ともソ連参戦とも決められないのは、それぞれの出来事がごく短い期間に連続して起こったからです。原爆投下、ソ連参戦、日本降伏の三つの出来事が複雑にからみあって解きほぐすのが難しいのです。

アメリカ政府の公式見解は、「原爆投下によって日本は降伏した」というものです。これは、「日本を降伏させるために原爆を使った」という公式見解と表裏一体の関係にあります。原爆投

原爆の爆発によって生じたキノコ雲。右は広島、左は長崎。（アメリカ国立公文書館）

下の目的を正当化するのが、「原爆投下によって日本は降伏した」という結果なのです。

しかし原爆投下の目的は実際には公式見解通りではありませんでした。原爆投下に至る政策決定過程を、戦後に公開された公文書からたどると、早期降伏のためとか人命救済のために原爆投下を決定したとはとても言えないのです。

原爆投下は日本降伏を早めるためではなかったというわけではありません。特に、アラモゴードでの原爆実験後は、そういう目的と動機が含まれていたのはたしかでしょう。問題は、日本降伏以外の目的をアメリカが隠している点にあります。

■悪化するアメリカとソ連の関係

ここでもう一度、原爆投下に至るアメリカの政策決定過程を整理してみましょう。まず押さえておかなければならないのは、アメリカとソ連の関係です。

　第二次大戦がはじまってしばらくの間、アメリカとソ連の関係は良好でした。特に一九四一年六月の独ソ戦開始以降、ソ連は、連合国の一員としてイギリス、アメリカから武器の供与を受けていたくらいです。しかし、ドイツとの激闘に勝利の兆《きざ》しが見えると、連合国間の関係が次第に悪化していきます。東ヨーロッパをめぐって、資本主義国のイギリス、アメリカと、共産主義国のソ連の間で勢力圏争いがはじまったのです。

　イギリス、特に当時の首相チャーチルがイデオロギー的にソ連（の共産主義）を嫌っていたので、ソ連の膨張は受け入れられませんでした。

　一方、戦後、自国の生産した製品の輸出先としてヨーロッパの市場を狙っていたアメリカにも東ヨーロッパへの共産主義の浸透は耐え難いものでした。ドイツ降伏後、ポツダム会談がはじまる頃には、両陣営の対立は頂点に達していました。

　ポツダム会談は連合国の仲間同士で、第二次大戦の戦後処理を話し合う場として表向きには設定されました。しかし、その実体は激しく利害の対立する両陣営の駆け引きが繰り広げられる舞台だったのです。

　アメリカは最初の原爆実験をポツダム会談に間に合わせるべく急ピッチで準備しました。それと同時に、ドイツの降伏からそれほど間を置かずに開催するのが当たり前なポツダム会談を、原爆開発のスケジュールに合わせて、何度も遅らせました。トルーマン大統領はイギリスのチャーチル首相やソ連のスターリン書記長からの早期開催の要請を無視続けたのです（その結果、戦争終結は引き延ばされ、多くの人命が犠牲となったと言えます）。

陸軍長官スティムソンは一九四五年五月十五日の日記に「〔**最初の核実験は**〕会談の少し後になると思う。切り札なしでこのような外交の大一番に望むのはギャンブルで、そう思うとぞっとする**」と記しています。「原爆外交」（ガー・アルペロヴィッツ）と言われるように、アメリカにとって原爆は外交の切り札であり、アメリカの政策決定者たちは、この切り札を手に、ポツダム会談に参加したかった。だからその開始をなるべく遅らせた。原爆実験とポツダム会談のタイミングには強い結びつきがあったのです。

■書き直されたポツダム宣言草案

ポツダム会談の期間中、連合国の指導者たちの間で対日問題が公式の議題として取り上げられることはありませんでした。もっぱら話し合われたのは、ドイツの占領統治問題、ドイツと同じ側に立って戦争に参加した枢軸国《すうじくこく》やその占領地域（東ヨーロッパが多く含まれる）の戦後処理問題でした。

しかし、アメリカの代表団の中では、対日降伏勧告声明（ポツダム宣言）の文言をめぐって詰めの協議が重ねられていました。そこでの最大の争点は天皇制の取り扱い。スティムソンを長とする陸軍省のグループがまとめた草案を下敷きに、天皇制に関わる条項が何度も書き直されました。天皇制の存続に肯定的だった当時の国務長官代理、ジョセフ・グルーも草案作成に深く関わりました。

草案をまとめたスティムソンは、原爆だけで日本が降伏することはなく、ソ連参戦が日本の降伏には欠かせないと考えていました。しかし必要なのは、ソ連参戦の「衝撃」であって、ソ連がアジアに勢力を広げるような事態は避けたかった。また、天皇制をはっきりと認めなければ、日本が降伏しないこともよくわかっていました。そこでスティムソンは、天皇制をはっきりと認める条項を含んだ降伏勧告声明を、ソ連参戦の直前か直後、日本に突きつければ、速《すみ》やかな降伏を導けると踏んでいました。

一方、トルーマン大統領とバーンズ国務長官は（できれば）ソ連参戦の前の日本降伏の実現も目論《もくろ》んでいました。しかし彼らにとって原爆は、日本を降伏させる以上の意味を持った兵器でした。彼らは、ヨーロッパの主導権争いでソ連より有利な立場に立ちたかった。そこで戦争のあり方を根本的に変える兵器をアメリカが持っていることを示して、ソ連をおとなしくさせたかった。最初の原爆実験の大成功を受けて、その威力をそれだけ高く評価していたのです。

戦後になってですが、バーンズは、一九四五年九月の原子力に関するロンドン外相理事会のレセプション中、ソ連の外相モロトフに「アメリカ南部の人間をわかっていないね。私たちは発射装置をポケットに入れて持ち歩いているんだよ。きみが、この行き詰まりをさっさと打開し、本題に入らせてくれないなら、尻のポケットから原爆を取り出して、お見舞いしてやってもいいんだぞ」と発言しています。文字どおり原爆でソ連を脅しているのです。

ソ連への威嚇《いかく》。それが日本へ原爆を投下する、隠された動機であり、目的の一つでした（それ以外にも、前に述べたように、マンハッタン計画の総指揮官であったグローブズ将軍には、新兵器の実戦使用での技術実験、人体実験のためという動機、目的がありました）。

彼らにとって避けたい事態は、原爆を使う前に、日本が降伏することでした。だから天皇制を認めなければ日本は降伏しないことをよく理解したうえで、草案に元々あった天皇制を容認する条項をあえて削ったのです。バーンズは、一九四五年八月三十日のニューヨークタイムズの記事で「広島に最初の原爆が投下される前に日本は敗北を覚悟していたことをソ連はつかんでいた」（前出『オリバー・ストーンが語るもうひとつのアメリカ史1』）と述べているように、日本が降伏寸前の状況に追い込まれていることを知っていました。

それにもかかわらず、実際に降伏する前に原爆を使うため、草案よりもはるかに厳しい内容をもった対日降伏勧告を、ソ連参戦より前、ただし原爆投下の準備ができる直前に発表しようと考えていました。

実際に採用されたのは、トルーマンとバーンズの考えです。ポツダム宣言は、うまくいけば最も早く原爆を投下できる予定日とされた八月一日の直前、七月二十六日に発表されました。

■ソ連参戦の前倒し

しかし、その後、トルーマンとバーンズの思惑通りに事態は進行しませんでした。八月中旬と推測していたソ連参戦が大幅に前倒しされ、八月八日にはじまったからです。日本降伏のためにはソ連参戦の衝撃が不可欠と考えていたスティムソンにとっても、この前倒しは驚きでした。

七月二十四日、トルーマンはポツダム会談の休憩中、スターリンに近づいて「われわれは尋常ならざる破壊力を有する新兵器を持っている」と伝えます。トルーマンの回想録によれば、スターリンはこのとき「『その新兵器を』日本に対して有効に使うことを望む」と答えただけでした。

しかし、イギリス、アメリカで活動するスパイからマンハッタン計画の内部情報をつかんでいたスターリンはすぐに腹心のベリヤ（内務人民委員部長官）に電話をかけて、ソ連の原爆開発の遅れを叱咤《しった》しました。その後、スターリンは原爆開発のスピードアップを命じています。**アメリカの原爆は、ソ連を威嚇し、おとなしくさせるどころか、逆に対抗心に火を付け、戦後の核軍拡競争を招いた**わけです。

さらに、ポツダム宣言の署名者に自分が含まれないことを知ったスターリンは、アメリカのソ連に対する敵対心を確信します。そして、日本が降伏する前に何としてでも参戦する決意を固め、ソ連軍指導者に戦争準備のスピードアップを命じるのです。

そして日本は八月六日から九日のわずか三日の間に二発の原爆、ソ連参戦という「衝撃」にさらされ、それから一週間と経たないうちに降伏したわけです。戦後、「原爆投下によって日本は降伏した」というアメリカの公式見解が生まれるのは、長崎への二発目の原爆投下の後、速やかに日本が降伏したからです。しかし、当然ながら、Aという出来事の後すぐにBという出来事が起こったからといってAがBの要因であると結論づけることはできません。

そもそもアメリカの軍事指導者の多くが、戦後、日本の降伏に原爆投下は必要なかったと表明しています。特にマッカーサー、アイゼンハワー、ニミッツ、リーヒ、アーノルド、キングは、作戦上も原爆は必要なく、降伏寸前に追い込まれた日本に二発もの原爆を投下して多数の一般市民に犠牲を出したことは倫理的にも正当化できないと考えていました。

もちろん原爆投下がまったく降伏の判断に影響しなかったとは言えないでしょう。しかし、八月六日に広島に原爆が投下されてすぐにその被害の実態が東京に伝わったわけではありません。どうも広島市がほぼ壊滅したらしいということはわかっても、その意味がよくわからないうちに八日のソ連参戦がはじまりました。要するに、広島への原爆投下の影響をどう考えていいのか判断する材料が、日本政府にも、日本軍にも、天皇にも不足していたのです。

■ソ連参戦の衝撃

それに対して、**八日にはじまったソ連参戦の意味は、日本の指導者たちにすぐに理解できました。**ソ連参戦を防ぐべく交渉の糸口を探《さぐ》り、ポツダム宣言にソ連が参加していなかったことから交渉に希望をつないでいた日本にとってソ連参戦は衝撃でした。

しかし、時期はまだ先としてもいずれソ連が満州に攻め込んでくることは予想されていました。そしてアメリカのみならず、ソ連まで相手にしなければならないとすれば、日本は戦争を継続できないという認識も以前から日本の指導者たちの間で共有されていたのです。もちろんソ連と交渉する余地がないという認識も明らかでした。

満州でソ連軍と対峙することになった関東軍から報告が届くやいなや、最高戦争指導会議、閣議、御前会議、そしてまた閣議が九日から日をまたいで十日の深夜にかけて連続して開かれています。いかに日本の指導者たちがソ連参戦を非常事態として重く見ていたかがわかります。このような対応は広島原爆の後には取られていません。それどころか、広島への原爆投下後も鈴木貫《かん》太郎《たろう》首相など政府首脳はソ連からの回答に一縷《いちる》の望みをつないで待ち続けていたのです。

最高戦争指導会議は首相、外務大臣、陸軍大臣、海軍大臣、参謀総長、軍令部総長が参加して政府と軍が意見交換する場ですが、その中でとりあえずポツダム宣言の受諾《じゅだく》が決まりました。

ただし、この段階では、「国体護持」「戦争犯罪人の自主的な処罰」「自主的な武装解除」「占領軍の限定的な進駐」という四つの条件をつけたうえでの受諾です。その後、閣議が開かれます。四条件もつけると連合国に受け入れられないと批判する東郷茂徳《とうごうしげのり》外務大臣と、四条件にこだわる阿南惟幾《あなみこれちか》陸軍大臣、米内光政《よないみつまさ》海軍大臣の間で激論が交わされました。特に阿南陸相は本土決戦を望む陸軍の立場を固く守って、東郷外相の一条件案に強硬に反対します。この閣議の最中に、二発目の原爆が長崎へ投下されたという報告がもたらされていますが、そのことが会議の進行に大きな影響を与えた様子はありません。

■降伏の要因

結局、四条件か、一条件かで閣議では結論は出ず、鈴木貫太郎首相の提案により、天皇の「聖断を仰ぐ」ことになりました。十日午前零時半にはじまった御前会議の中で、昭和天皇は、外務大臣案、すなわち国体護持の一条件でのポツダム宣言受諾に同意すると述べました。戦争を継続できない理由として天皇が挙げたのは、原爆投下でも、ソ連参戦でもありませんでした。

陸海統帥《とうすい》部の計画は常に錯誤し時機を失す。本土決戦と云ふが九十九里浜の防御陣地は遅れ八月末にあらざれば出来ずと云ふ。増設部隊も装備未だに整はずと云ふ。之れで米軍を如何にして邀撃《ようげき》し得るや。空襲は激化しあり。之以上国民を塗炭《とたん》の苦しみに陥れ文化を破壊し世界人類の不幸を招くは私の欲せざる処なり。此の際は忍び難きを忍ぶべきなり。忠良なる軍隊を武装解除し又昨日迄朕《ちん》に忠勤を抜〔きん〕じくれたる者を戦争犯罪人とするは情に於て忍びざるも国家の為には已むを得ざるべし。

ここで昭和天皇は、本土決戦の準備が着々と進んでいるとこれまで威勢のいい報告をくり返してきた陸海軍に対する不信感をあらわにします。特に、千葉県九十九里浜の築城が進んでいないとして、「之れで米軍を如何にして邀撃し得るや」と痛烈に批判しています。

また昭和天皇は、のちに「敵が伊勢湾附近に上陸すれば、伊勢熱田両神宮は直ちに敵の制圧下に入り、神器の移動の余裕はなく、その確保の見込が立たない、これでは国体護持は難しい、故にこの際、私の一身は犠牲にしても講和せねばならぬと思つた」とも語っています（寺崎英成／マリコ・テラサキ・ミラー『昭和天皇独白録』文春文庫）。

結局、こんな状況では本土決戦はとても無理で「三種の神器も守れない」というのが、天皇にとって降伏決断の最大の理由だったと思われます。

天皇の「聖断」を受け、その後開かれた閣議で、「天皇の国家統治の大権を変更するの要求を包含し居らざることの了解の下に」ポツダム宣言を受諾することが決まり、その英文翻訳がスイス、スウェーデンの駐在公使宛に送られました。

国体護持の一条件つきで受諾するという日本の問い合わせに対して、十二日、連合国側は、了解するとも拒否するともいわず、新たな見解を一方的に宣言する形で答えます。この回答文は、トルーマンに一任されたバーンズが用意したことから、「バーンズ回答」と言われています。

バーンズ回答は五項目ありましたが、日本にとって最も重要な意味を持ったのは、国体護持に関する第一項です。

降伏の時より、天皇及び日本国政府の国家統治の権限は降伏条項の実施の為其の必要と認むる処置を執る連合軍最高司令官の制限の下に置かれる〔subject to〕ものとする。

外務省は「subject to」を「制限の下に置かれる」と訳し、陸軍は「隷属《れいぞく》する」と訳しました。天皇といえども連合国軍最高司令官の命令に従うべし、というのがその意味するところですが、同じ「subject to」の訳でも、「制限の下に置かれる」と「隷属する」ではかなりニュアンスが違います。陸軍が「隷属」という侮辱的な言葉を訳語に宛てたのは、降伏せず本土決戦に持ち込もうとしたからでしょう。反対に、外務省は降伏するために、なるべくやわらかい表現を使いたかったのでしょう。

いずれにしても、バーンズ回答が、天皇に一定の権限を認めていることは明らかでした。権限がない主体を「制限の下に置く」ことはできないからです。外務省や天皇はそこに注目したと思われます。さらに、十三日にはスウェーデン公使の岡本季正《すえまさ》から、アメリカの「ニューヨーク・タイムズ」紙で得た情報として、バーンズ回答について、立憲君主制を認めているという解釈が可能であるとの緊急報告が届きます。十一日付の「ニューヨーク・タイムズ」は一面で、「日本、降伏を申し出る」「アメリカは天皇を残すだろう」と報じていました。

さらに、バーンズ回答の原文では、天皇の地位を連合国の指導下に認めるという内容の記述もあったとも伝えられました。この報告はおそらく天皇も目にしていると考えられています。この後の御前会議で、国体護持への不安から連合国への再照会を主張する阿南惟幾陸相に、天皇が「私には国体を護れる確信がある」としてその主張を退けたのもそのことを裏付けています。

十四日、天皇の呼びかけでふたたび御前会議が開催されます。その中で、天皇は、涙を流して次のように語りました。

皆の意見は解った。朕《ちん》の考を述べる。先般の回答に就ては朕は戦力、国力等を充分考へて決定したのであって決して軽々に決心したのではない。今日に於ても朕の考には変わりはない。敵側の回答に付ては総長及陸軍大臣の反対があり、国体に動揺を来すと云ふたが、朕はかく考へぬ。保証占領後危険ありと云ふが敵が悪意あるとはあの文面からは考へられぬ。朕も多少の不安あるも然し此の儘《まま》戦を継続しては国土も民族も国体も破壊し只単に玉砕に終るのみ。今にして多少の不安あるも戦争を中止すれば未だ復活の力が存するのだ。どうか反対の者も

"All the News That's Fit to Print"

The New York Times.

LATE CITY EDITION

VOL. XCIV No. 31,976.　NEW YORK, SATURDAY, AUGUST 11, 1945.　THREE CENTS

JAPAN OFFERS TO SURRENDER; U. S. MAY LET EMPEROR REMAIN; MASTER RECONVERSION PLAN SET

WPB READY TO ACT

Snyder Said to Sanction Wide Program to Start as Soon as War Ends

RATION SHIFTS LOOM

Agencies Rush to Map Future Work as Many Face Liquidation

Foe Curbs 'Traitors' In Kwantung Area

'PARTY POLITICS' LOOMS WITH PEACE

End of War Will Bring Return of Old Government System, the Capital Thinks

CABINET BACKS BID

Domei Says Ministers Unanimously Voted to Sue for Peace

ASKS QUICK ANSWER

Reports Emperor Issued Orders After Appeal to Soviet Failed

NEW YORK CROWDS THRILLED BY THE GREAT NEWS

Happy civilians and service men in Times Square yesterday

ALLIES MAP REPLY

Truman Is Said to Favor Retention of Hirohito as Spiritual Leader

END BELIEVED NEAR

Pleas Based on Potsdam and 'Understanding' Emperor Will Stay

SOBER CITY AWAITS OFFICIAL V-J WORD

New York's Joy Pent Up in Contrast to Celebration in Other Countries

U. S. Has List of Foe's Isles For Our Occupation at Once

B-29'S, NAVY HALT ATTACKS ON JAPAN

Spaatz Calls Off 'Superforts' for Day, Fleet Schedule Bare —MacArthur Presses Fight

RUSSIANS ADVANCE 105 MILES IN DAY

Speed Past Hailar From West as Four Siberian Forces Converge on Harbin

War News Summarized

GI's in Pacific Go Wild With Joy; 'Let 'Em Keep Emperor,' They Say

Atom Bomb Razed 1/3 of Nagasaki; Japan Protests to U. S. on Missile

日本の降伏を報ずる1945年8月11日付「ニューヨーク・タイムズ」紙。

朕の意見に同意してくれ。

十四日、日本はバーンズ回答を受け入れ、ポツダム宣言を受諾しました。十五日、玉音《ぎょくおん》放送で、国民に降伏が伝えられます。十四日深夜にはポツダム宣言受諾を認めず、徹底抗戦のため皇居の占拠を目指して陸軍の一部の将校がクーデター（宮城事件）を起こしますが、陸軍司令部に鎮圧されていました。

玉音放送ではソ連参戦の衝撃には言及せずに、「敵は新に残虐なる爆弾を使用して頻《しきり》に無辜《むこ》を殺傷し惨害の及ぶ所眞に測るべからざるに至る」として原爆には触れ、戦争継続が不可能である背景を説明しています。ソ連参戦に触れていないのは、ソ連ではなくアメリカに降伏するという意図を示すためでしょう。一方、十七日に発表された軍人に対する勅語《ちょくご》（終戦に対し陸海軍に賜りたる勅語）で天皇は、

今は新に蘇国《そこく》の参戦を見るに至り内外諸般の情勢上今後に於ける戦争の継続は徒《いたずら》に禍害を累《るい》加《か》し遂に帝国存立の根基を失ふの虞なきにしもあらざるを察し帝国陸海軍の闘魂尚烈々たるものあるに拘《かかわ》らず光栄ある我国体護持の為朕《ちん》は爰《ここ》に米英蘇並に重慶《じゅうけい》と和を媾せんとす。

と述べ、原爆には触れず、ソ連参戦を降伏の理由として挙げています。

最高戦争指導会議、閣議、御前会議における日本の指導者たちの発言をたどると、降伏の不可避を指導者たちが痛感するきっかけはソ連参戦であり、降伏の決断にいちばん大きな影響を及ぼしたのはバーンズ回答と岡田季正スウェーデン公使による報告だったと考えられます。

■原爆投下はある種の日米合作

ソ連参戦、原爆投下など外部要因以外にも日本には降伏不可避の判断につながる内部要因がありました。ガソリンは一九四五年末までに払底《ふってい》することが予想され、食糧不足も深刻な状態が続いていたのです。国内の治安状況も悪化していました。しかし、「物資や民心を理由に政策の転換を主張することは当時の精神主義的な風潮からは難しく、ガソリンの不足は降伏の理由になりづらかった」（鈴木多聞『「終戦」の政治史　１９４３－１９４５』東京大学出版会）。

米内海相は、密命を与えて終戦工作にあたらせた高木惣吉少将に、「言葉は不適当だと思ふが」と前置きして、次のように述べました。

原子爆弾や蘇連《それん》の参戦は、或る意味では天佑《てんゆう》だ。国内情勢で戦を已《や》めるといふことを出さなくて済む。

「天佑」とは、思いがけない幸運という意味です。国内情勢から戦争継続が不可能であることはずっと前から明らかであったにもかかわらず、降伏を出せないまま時間が過ぎ、犠牲者が増える一方だったところ、原爆投下とソ連参戦が、日本の指導者たちに降伏の口実を与えてくれたというわけです。

これはきわめて無責任な考えと言わざるを得ません。降伏のチャンスは何度もありました。二月の近衛《このえ》上奏文、三月の東京大空襲、五月のドイツ降伏、六月の沖縄陥落は、それぞれ降伏を決断すべき絶好のタイミングでした。もっと早くは本土空襲のきっかけとなる一九四四年七月のサイパン陥落で、戦争を終わらせるべきでした。

六月の沖縄陥落後まもなくなら、終戦交渉の主導権を日本が握ることもできたと私は考えています。しかし、このタイミングを逃し、アラモゴードでの原爆実験が成功してポツダム宣言が出された後、もはや日本はアメリカ、ソ連の手のひらで転がされるだけになってしまいました。その時点でアメリカは何としても原爆を落とすつもりでしたし、ソ連の対日参戦も防げなかったでしょう。

国内情勢の危機を軽視し、軍のメンツにこだわって、終戦を遅らせ、原爆投下を招いたという意味で、私は、広島、長崎の壊滅の責任をアメリカだけでなく、日本も負うべきであると考えています。

アジアへの植民地支配と重慶爆撃などの侵略戦争の遂行、その延長としての日米開戦を行ったのはいうまでもなく日本でした。また、アメリカ側があくまでも「無条件降伏」にこだわる一方で、日本側は最後まで「国体護持」に執着しました。

日米双方が互いの立場を譲らなかった結果が、あの悲惨な被害と多くの犠牲者を生んだ原爆投下だったのです。その意味で、**原爆投下はある種の日米合作であったといえます。**

第二部

核体制と戦後日本 Q&A

講義篇

機密解除文書から原発と核兵器推進体制の闇に迫る

自己紹介を兼ねて、次の新聞記事の紹介から私の話をはじめたいと思います。

二〇一二年十二月十九日付の毎日新聞に「福島被ばく調査　乳歯保存拒絶の材料探し　検討委に依頼」と題する記事が掲載されました。福島県庁のある職員が、福島第一原発事故による健康影響を調べる「県民健康管理調査」の検討委員会委員に対し、メールで依頼していたことを報じる記事です。

日野行介記者が暴《あば》いたメールを引用します。

明日から開会の9月議会で、自民党柳沼純子議員から「将来的な、ストロンチウム90の内部被ばく分析のため、乳歯の保存を県民に呼びかけてはどうか？」という内容があがってきています。

このままだと、「専門家の意見も聞きながら検討してまいりたい。」といった答弁になりそうですが、現在の状況を踏まえると、**あまり意味はないといった知見・情報はないでしょうか？**

質問議員ではないですが、反原発命の方の主張でもあるようで、あまり乗る気になれない質問です。

情報があれば、至急お願いいたします。

このメールの中で、「反原発命《いのち》の方」とされているのが、私です。

現在、内部被ばくを調べる方法として主流なのは、ホール・ボディー・カウンターによる検査です。ホール・ボディー・カウンターとは「体内に存在する放射性物質を体外から計測する装置」（Wikipedia）で、県民健康調査でも利用されています。しかし、この装置で検出できるのは、ガンマ線だけ。内部被ばくで重要な役割を果たす、アルファ線、ベータ線を検出できません。

ガンマ線だけとはいえ、体外から体内の状況を計測できるのはホール・ボディー・カウンターの利点です。そんなことが可能なのは、ガンマ線の透過力（物質貫通力と言いかえてもかまいません）が高いおかげです。透過力が高いから、体外まで出てきたガンマ線を捉えることができるわけです。ところが、アルファ線やベータ線は透過力が低く、放射性物質から放出された後、わずかな距離だけ走って止まってしまうので、体外からはなかなか計測できない。

福島第一原発事故で放出されたストロンチウム90はベータ線を放出しますが、ガンマ線は放出しません。だからホール・ボディー・カウンターでは計測できない。

そこで私は、ストロンチウム90が体内にどれくらい蓄積されたのか調べるために乳歯の保存を提案しました。ストロンチウムは、カルシウムに似ているため、体内に取り込まれると、骨に蓄積する性質があります。骨を取り出すことは（事故などの特段の事情がない限り）できません。しかし、乳歯は永久歯へ生えかわる時期に抜けます。これを保存すればいいのです。

放射線は、大人よりも幼い子どもに対して大きな影響を与えます。生物の細胞は放射線に対してある程度抵抗力を持っていますが、分裂するとき比較的、無防備な状態になってしまいます。成長過程にある子どもの細胞は、大人よりもはるかに頻繁に分裂しますので、その分、放射線の影響を受けやすいわけです。

乳歯の保存に大した手間はかかりません。今すぐ検査しなくても、後で必要なときに調べることもできます。放射線の健康影響を調べるために、とりあえず誰にでも可能な手段として、乳歯保存はきわめて有効だと思います。

原発事故後、私は取材を受けたときや講演会など話をする機会があるたびに、乳歯の保存を提案していました。福島県議の柳沼氏は、新聞記事でこれを知り、県議会で私の提案を取り上げたのですが、残念ながら、県から前向きな答弁は得られませんでした。その裏の事情を暴くのが冒頭のメールです。柳沼議員による乳歯保存の提案をつぶすために「知見・情報はないでしょうか？」と、検討委のメンバーに問いあわせているのです。しかも、「反原発命の方の主張でもあるようで、あまり乗る気になれない」というのが、拒絶の理由でした。毎日新聞の日野記者の取材を受けて、このことを知らされたとき、本当に驚きました。

私を「反原発命の方」と揶揄《やゆ》したことに驚いたわけではありません。そんなことはどうでもいいことです。しかし、「あまり乗る気になれない」から、乳歯保存に意味がないことを示す知見・情報を探すというのは、おかしい。福島県民の健康に今何が起こっているのか、将来何が起こるのか知ろうとするのではなく、結論ありきで、その結論にとって都合のいい「根拠」を福島県はこしらえようとしているのではないか。そんな姿勢がうかがえる一件でした（福島県による健康調査の問題点については、日野行介『福島原発事故　県民健康管理調査の闇』岩波新書に詳しく書かれています）。

■ヒントはアメリカの公文書

ところで、医者でも科学者でもない、歴史家の私が、乳歯を保存するなんて方法をどうして思いつけたのか。種明かしは簡単。前例を知っていただけです。

その前例とは、アメリカ（の原子力委員会、空軍、ランド・コーポレーション）の「プロジェクト・サンシャイン」。一九五四年三月一日からはじまるビキニ環礁での水爆実験にあわせて前年から準備が進められた軍事機密扱いのプロジェクトです（⇩256ページ）。

プロジェクトの目的の一つは、核実験の際に生まれるストロンチウム90が地球上のどこにどれだけ蓄積しているのか把握し、その人体への影響を調べることでした。

日本では、広島、長崎で被爆者の調査を行っていた原爆傷害調査委員会（ＡＢＣＣ）がこのプロジェクトに協力していました。ＡＢＣＣの敷地内に、ストロンチウム90の検出器が設置されただけでなく、関係者の同意を得ることもなく、（主として死後の）人骨、組織の収集が行われました。核実験を推進する側による倫理的にも問題のある調査が行われていたのです。

この事例をヒントに、乳歯なら倫理的な問題もなく収集できて、ストロンチウム90の蓄積状況を調べられるはずだと考えたのです。将来、放射能によると考えられる何らかの健康被害があらわれたとき、乳歯が有力な証拠になり得るとも考えました。ところが、福島県によって却下されました。

本人にも関係者にも同意を得ずに勝手に人の骨を集めるアメリカのやり方には納得できませんが、彼らは、軍事機密とはいえ、とにかくストロンチウム90の蓄積状況を調べたうえ、影響が出ることも明らかにしていました。

ところが日本の場合、公的にも、秘密にも、調査自体しようとしないし、調査の試みすらつぶそうとするのです。**核実験のための調査には協力していいのに核による被害者のための調査には協力してはいけないのでしょうか？　おかしいと思います。**

■マッカーシズム

私はこれまでアメリカの国立公文書館に情報公開請求をして機密解除された公文書から、アメリカの核政策のオモテとウラを研究してきました。

ここからはじまる本書の第二部では、私がこれまで集めてきた文書から、特に重要だと思われるものをご紹介いたしましょう。

その前に、まず私がなぜこのような研究をはじめたかお話ししておきたいと思います。

私は、冷戦のまっただ中に高校時代を送りました。激しい東西の対立がやがて解消するとは想像もできず、核戦争が起こりかねない状況が永遠に続くと思っていた。

通っていた同志社国際高校では、プロテスタント系キリスト教の学校らしく、正規の科目として聖書が教えられていました。しかし、聖書そのものよりも、授業の中で取り上げられた沖縄戦の話のほうが私の印象に強く残っています。

この科目を担当されていたのは同志社大学の神学科を出た牧師で、戦争問題について深い関心を寄せていた先生でした。高校二年時の修学旅行（私の高校では研修旅行と呼ばれていました）では、沖縄に行き、戦争遺跡をめぐったり、読谷村《よみたんそん》の村長さんの戦争体験談をうかがったりしたのですが、旅行に出かける前も帰った後も、第二次大戦の歴史や当時の沖縄の米軍基地の現状についてしっかり勉強させられました。ただ授業を受けるだけでなく、テーマごとにグループに分かれて自ら調べて発表する機会もあって、非常に中身の濃い授業でした。

この授業にかなり影響を受けた私は、冷戦の当事国であるアメリカについてもっと詳しく知りたくなった。そういう思いを持って同志社大学に入り、文学部文化学科（文化史学専攻）に進んだのです。学生時代、アメリカ史の中でも特にマッカーシズムを研究したいと思いました。マッカーシズムとは、一九五〇年代にアメリカで巻き起こった政治運動で、共産主義者との疑いをかけられた人々が次々と厳しい弾圧を受けました。名称は、反共産主義の急先鋒だったジョゼフ・レイモンド・マッカーシー上院議員に由来します。

私がマッカーシズムに関心を持ったのは、チャールズ・チャップリンが製作した映画『ニューヨークの王様』（一九五七年公開）を見たからです。

この中に、十歳の男の子が、共産主義者である自分の両親を守るため、監視委員会に強要され、親の友人たちの名前を密告する場面が出てきます。実際、当時のアメリカ社会では共産主義者と疑われるだけで密告されたり告発されたりしていました。いったん共産主義者のレッテルを貼られた人は職を奪われ、社会的に追放されてしまいます。そのためアメリカ国民の間に疑心暗鬼《ぎしんあんき》の気分が蔓延し、言いたいことを言えない雰囲気が作られました。自由の国と言われていたアメリカで、言論の自由が抑圧されたのです。『ニューヨークの王様』は、そんな不条理を描いた喜劇映画の傑作です。

■原爆報道の特異性

マッカーシズムについて研究したい。そう思って大学院に進学したのですが、あるアルバイトをきっかけに、マッカーシズムから広島、長崎の原爆問題やアメリカの核政策へ、私の関心は急速に移っていきました。

当時、朝日新聞が広島、長崎の原爆についてどう報じてきたか同社自身で検証するプロジェクトが進められていました。その検証作業の手伝いとして、原爆投下以後、占領期からビキニ水爆事件のあった一九五四年までに発行された朝日新聞に目を通して、原爆関連の記事をピックアップするというのが、私の役目でした。朝日新聞社会部の記者をしていた私の父の仲介で、そんなアルバイトに携わることになったのです。

二年ほど毎日、昔の新聞記事を読みました。一九四五年八月六日から新聞をどんどん繰《く》っているうちに、まるであの時代に生活しているような錯覚に何度も陥りました。その結果、わかったのは原爆関連の記事が全くと言っていいほど見当たらない、ということです。

当時すでにGHQの日本占領期における検閲の実態について研究したモニカ・ブラウ『検閲原爆報道はどう禁じられたのか』（一九八八年）や、堀場清子『禁じられた原爆体験』『原爆表現と検閲　日本人はどう対応したか』（いずれも一九九五年）などの作品も刊行されていました。

だから占領下、原爆、特に被爆者の存在が報道されなかったことを知識としては持っていたのです。しかし、実際、自分で新聞を一面ずつ繰って、くまなく見て、それが本当にないことを確認してみると、占領期の言論環境の特異性がよくわかりました。

たとえば、「朝日新聞大阪本社版」は、一九四五年の九月四日、広島の被爆者の写真を掲載していました。「これはその〔原爆の〕残虐性を示す被災者の痛ましい姿、紙上に報ぜられる最初の写真である」として、①日赤病院で火傷《やけど》の手当をうける少年（両手の甲は真っ黒に焦げ皮が裂けている）、②ずらり並んだ負傷者たち、③無残な火傷を負った母子、④熱風で衣類の型通り火傷を負ふ、とそれぞれキャプションのついた四枚の写真がかなり大きく紙面に出ていたのです。

ところが同じ日の東京版にはその写真が載っていない。この日だけでなく、前後の日にも掲載されていない。当時はGHQによる日本占領がはじまってほとんど時間が経っていない時期でしたから、東京と大阪で、報道に対するGHQの取締りの厳しさに差があったのでしょう。これらの写真を撮影した宮武甫《はじめ》カメラマンの写真は以後、どこにも掲載されず、新聞社にお蔵入りになってしまいました。写真が日の目を見たのは、占領が終わった後に刊行された「アサヒグラフ」一九五二年八月六日号が原爆特集を組んだときです。原爆報道の実態については後で詳しく述べます。

■公文書館に通い詰める

大学院時代にした、戦後の新聞記事に目を通すアルバイトの経験から、占領期における原爆問題の扱われ方や、ビキニ水爆事件を契機に深刻化した放射能の問題、核政策に関心を持つようになった私は、同志社大大学院の博士課程に在籍中、アメリカのメリーランド大学カレッジパーク校に留学しました。占領期の日本で検閲を受けた出版物を収めたプランゲ文庫が大学図書館に収蔵されていましたし、キャンパスからほど近いワシントンD．C．には、歴史的価値の高い資料を多数収める国立公文書館（国立公文書記録管理局）もあった。原爆問題、放射能問題、核政策などについて調査をするのに、カレッジパークは便利な場所でした。

便利どころか、絶好の場所であることが、現地に行ってみてわかりました。私が留学した一九九五年の前年、メリーランド大学カレッジパーク校のキャンパスの隣に、国立公文書館の新館がオープンして、国務省関連資料や、一九四一年にはじまる太平洋戦争以降の軍事関係の資料が次々と移管されつつあったのです。もちろんそこにはマンハッタン計画や戦略爆撃調査団に関する資料も含まれます。まさにほしいと思っていた資料が、ちょうど私が留学した大学の近辺に集まっていたのです。

場所がよかっただけでなく、タイミングもかなりよかったと思います。

一九九五年は、マンハッタン計画の中で行われた、高い放射能を持つプルトニウムの人体への注入実験に関連する資料が機密解除されはじめた時期でした。当時の政権がアメリカ史の暗部を自らさらけ出すきっかけになったのは、一九九三年からアルバカーキ・トリビューン紙上で連載された、アイリーン・ウェルサム記者たちの記事です。彼女らは、被験者を突き止め、訪ね歩いて、マンハッタン計画から冷戦期を通じて極秘に行われたプルトニウム人体実験の実態に迫りました。これがアメリカ中にセンセーションを巻き起こしたのです。一九九四年には彼女にピューリッツァー賞が贈られます。

この動きは当時のクリントン政権を揺るがしました。放射能人体実験大統領諮問委員会が設置され、人体実験の検証が行われると共に、エネルギー省長官オレアリーの判断で、人体実験に関連する資料が公文書館に移されたのです。

さらに当時、マーシャル諸島の人々やサポートする人々の尽力のおかげで、一九五四年のビキニ水爆実験に関する公文書の機密解除が進んでいたのもありがたいことでした。朝日新聞を戦争末期から一九五四年末まで目を通し、原爆関連記事を探し出す作業の中で、私は、ビキニ水爆事件についてまだまだ知られざる事実がたくさんあるはずだと考えていたからです。

第五福竜丸の乗組員が大量の放射性降下物を浴び、その中でも無線長の久保山愛吉《あいきち》さんが亡くなったことから、三度日本人が核の被害に遭った事件として日本では、ビキニ水爆事件が記憶されています。しかし、**第五福竜丸の他にも多数の漁船が放射性降下物を浴びただけでなく、避難**

させられることもなく島にとどまっていたロンゲラップ環礁やアイリック環礁などの人々も放射性降下物を浴び、甚大な被害を受けたのです。海も広範に汚染されました。

滞米中、重点的に集めたのは、アメリカの核政策を担っていた、原子力委員会（エネルギー省の前身）の資料ですが、いつも順調にほしい情報を取り出せたわけではありません。機密解除が進んでいる時期ではありましたが、決定的に重要な資料はまだ機密指定のままだったからです。あるまとまりをもった公文書を請求して取り出すことに成功しても、ところどころに「抜き取りシート」と呼ばれる紙が挟み込まれていて、「これはまだ公開できない」というメッセージと共に、一部の文書が欠落している場合がしばしばあるのです。

また、何らかのテーマのもとに取り出す公文書は、たいていの場合、書簡、報告書、図表、写真などの雑多な集まりで、一見してすぐ価値がわかるものばかりではありません。しかし、文書中に何度も出てくる名前があればそれは重要人物とわかる。その人物に焦点を当てて資料を調査すると、別の重要人物やキーワードが浮かびあがる。そうして人物と人物の関係やキーワードの意味を探り、場合によっては、機密指定文書を情報公開請求して取り寄せる。そんなふうに組織やプロジェクトの全貌に迫っていくのです。パズルのピースを埋める作業によく似ています。

この第二部では、私が収集した公文書やその他の資料から特に重要と思われるものを紹介していきたいと思います。

❶ 原爆投下に対して、日本政府はどのような対応を取ったのですか?

広島、長崎への「新型爆弾」が使用されたことに対して、日本政府の評価は慌ただしく変化します。わずか一日で「備えあれば恐れるに足らない兵器」から「残虐な兵器」へ一変してしまうのです。

長崎へ原爆攻撃の翌日、一九四五年八月十日付の朝日新聞大阪本社版に、「壕と防空服装を整備　新型爆弾へ防空総本部の注意」と題して、原爆への対処法が示されました。軍服程度の衣類、防空頭巾、手袋を着用していれば火傷の心配はなく、壕に入れば、「新型爆弾をさほど惧《おそ》れることはない」というもので、とても楽観的な対処法です。

ところが、その翌日には新型爆弾を原子爆弾とはっきりと表現したうえで、「帝国、米に厳重抗議　原子爆弾は毒ガス以上の残虐」と報じられるのです。

この抗議文を紹介したいと思いますが、その前に指摘しておかないとならないことがあります。それは、**日本が政府としてアメリカに原爆使用について公式に抗議したのは、この一回だけ**という事実です。連合軍による占領中はもちろん、一九五二年にサンフランシスコ講和条約が発効して曲がりなりにも主権を回復してからこれまで、日本はアメリカが原爆で日本の一般市民を無差別に殺戮《さつりく》したことについて抗議していないのです。

■山本太郎議員の国会質問

二〇一五年八月二十五日、安全保障関連法案を審議する参議院の特別委員会で、生活の党と山本太郎となかまたちの共同代表山本太郎議員が、安倍晋三総理大臣に対して、次のように、アメリカによる原爆投下や空襲が戦争犯罪、国際法違反にあたるのではないかと問いかけました。

山本太郎議員　米軍による爆撃、我が国も受けております。広島、長崎、それだけじゃない、東京大空襲、そして日本中が空爆、爆撃をされた。それによって50万人以上の方々が亡くなっていますよ。この50万人の中に、そのほとんどを占めるのが一般市民じゃないですか。子供、女性、民間人への無差別攻撃、アメリカによる広島、長崎の原爆投下、それだけじゃなく、東京大空襲を含む日本全国の空襲、民間人の大虐殺、これは戦争犯罪ですよね、国際法違反ですよね、いかがですか。

それに対して、安倍総理の代わりに岸田文雄外務大臣が、戦争犯罪、国際法違反に当たるかどうかには触れず、アメリカの行為が「国際法の思想的基盤にあります人道主義の精神に合致しない、このように我が国は理解をしております。国際司法裁判所等においてもそうした議論が行われていると承知をしております」とまるで他人事のような答弁でお茶を濁しました。戦後七十年経っても、はっきりとアメリカに主張できない状態なのです（原爆投下はアメリカの戦争犯罪かと問いかけられるたびに、政府はこれと同じ答弁をこれまでも繰り返してきました）。

生物兵器、化学兵器、地雷、クラスター爆弾については国際的な条約によって、その使用がすでに禁止されています。ところが核兵器を禁止する条約はいまだにない。二〇一五年四月下旬からニューヨークの国連で開催された核拡散防止条約（ＮＰＴ）再検討ではオーストリアが核兵器使用禁止文書を提出し、百七カ国がこれに賛同したのに対し、日本は賛同しませんでした。なおアメリカは、事実上の同盟国であるイスラエルに配慮して、中東を非核化する構想にも反対を示し、フランスと共に、最終文書案から核兵器の非人道性に関する記述を減らすように要求しています。結局、このＮＰＴ再検討会議は最終文書を採択できずに閉幕しました。

■日本政府の抗議文

それでは、一九四五年八月十日付で日本政府が、スイス政府を通じてアメリカ政府に伝達した、次の抗議文の一部を読んでみてください。

そもそも交戦者は害敵手段の選択につき無制限の権利を有するものにあらざること及び不必要の苦痛を与うべき兵器、投射物その他の物質を使用すべからざることは戦時国際法の根本原則にして、それぞれ陸戦の法規慣例に関する条約附属書陸戦の法規慣例に関する規則第22条および第23条（ホ）号に明定せらるる所なり。米国政府は今次世界の戦乱勃発以来再三にわたり毒ガスないしその他の非人道的戦争方法の使用は文明社会の世論により不法とせられおれりとし対手国側において、まずこれを使用せざる限りこれを使用することなかるべき旨声明したるが、**米国が今回使用したる本件爆弾はその性能の無差別かつ残虐性において従来斯《かか》る性能を有するがゆえに使用を禁止せられおる毒ガスその他の兵器を遥かに凌駕しおれり。**米国は国際法および人道の根本原則を無視して既に広範囲にわたり帝国の諸都市に対して無差別爆撃を実施し来り多数の老幼婦女子を殺傷し神社、仏閣、学校、病院、一般民家等を倒壊または焼失せしめたり。而《しこう》して今や新規にして、かつ従来のいかなる兵器、投射物にも比し得ざる無差別性、残虐性を有する本件爆弾を使用せるは人類文化に対する新たなる罪悪なり。

帝国政府はここに自らの名において、かつまた全人類および文明の名において米国政府を糾《きゅう》弾《だん》すると共に即時斯る非人道的兵器の使用を放棄すべきことを厳重に要求す（「陸戦の法規慣例に関する条約附属書陸戦の法規慣例に関する規則第22条」＝「交戦者は、害敵手段の選択につき、無制限の権利を有するものに非《あら》ず」、「第23条」＝「不必要の苦痛を与ふべき兵器、投射物その他の物質を使用すること」)。

アメリカが広島の市街地を無差別に攻撃したことを批判したうえで、当時、日本もアメリカも調印していた、戦時国際法であるハーグ陸戦条約に基づき、はっきりと原爆を「非人道的兵器」であると指摘しています。

現在の日本政府はこの抗議文を継承しているのでしょうか。二〇一四年に山田宏衆議院議員(当時)が、ズバリ質問主意書でこのことを訊ねました。これに対し政府は、「核兵器のない平和で安全な世界の実現を目指して、現実的かつ着実な核軍縮努力を積み重ねていくことが重要であると考える」と見解を述べただけです。継承するともしないとも答えませんでした。

❷ アメリカは、なぜ原爆による残留放射能の存在を認めなかったのですか？

日本政府はアメリカ政府に対して、原爆が毒ガス以上に残虐な、非人道的な兵器であるとして、その使用を抗議しました。その後も、日本のメディアは海外向けの放送で、さかんに原爆の残虐性を訴えました。もし日本の主張通り、原爆が毒ガス以上に残虐な兵器であるなら、毒ガスが「不必要の苦痛を与ふべき兵器」（ハーグ陸戦条約第23条）として国際法で使用が認められていないので、当然、原爆使用は国際法違反と見なされ、以後、使用してはならないことになります。

「不必要の苦痛」を与える残留放射能の存在を認めると、原爆を使いたいときに使えません。アメリカはそんな事態を避けたかったのではないか、と考えられます。残留放射能の存在が、アメリカにとって不都合であったことは間違いありません。私は、アメリカが、科学的に導かれた結論としてではなく、政治的な判断として、残留放射能の存在もその影響も認めなかったのではないかと考えています。

それでは、原爆をめぐる報道から残留放射能の扱いがどう変わっていったのか見ていきましょう。

■初期の原爆報道

戦中の日本政府は、原爆に対する抗議文を出した後も、ラジオ東京や同盟通信などの国内メディアを通じて、原爆の非人道性をさかんに世界に訴えました。一九四五年八月二十五日には「ニューヨーク・タイムズ」が、ラジオ東京や同盟通信の報道を紹介する形で、

広島に投下された原子爆弾は大地に放射能すなわち残留紫外線を与え、被爆後二週間に三万人の犠牲者がこの死の光線により死亡したことを日本のラジオ東京は去る金曜日伝えた。現在、広島に住む人々は〝生きた幽霊〟であり放射能の影響により死すべく運命づけられた人たちである。(略)原爆のウラニウム核分裂により生じた放射能は死者数を増大させつつあり、復興作業に従事した人たちに様々な症状を惹起しつつある。

と、放射能が原爆の爆発時だけでなく、後々まで及ぼす影響に触れています。なお原爆の爆発から一分後に生じる放射線を初期放射線、それ以降に生まれた放射性物質(放射能を持った物質)を残留放射能と呼びます。残留放射能から生じる放射線を残留放射線と言います。

しかし、この後に続く部分で、記事は、「原爆開発に指導的な役割を果たした科学者の一人、

J・ロバート・オッペンハイマー博士は、ニューメキシコにおいて行われた核実験において、事実上残留放射能は認められなかったと述べている」として、日本側が伝える残留放射能の影響に疑問符をつけました。さらに日本問題の専門家による「日本が連合軍の占領期間を軽減する目的をもって、科学的に確立されていない原爆の恐怖を強調する理論を利用し、アメリカの良心を傷つけるような宣伝をしている」という考えを紹介しています。日本側の情報はプロパガンダに過ぎないと見ていたわけです。

■バーチェットのスクープ

しかし、九月五日に、ロンドンの「デイリー・エクスプレス」の一面トップに掲載された広島ルポが原爆報道の潮目を変えました。記事を書いたのは、オーストラリアのジャーナリスト、ウィルフレッド・バーチェット。戦艦ミズーリ号上で日本の降伏文書調印式が行われた九月二日、他の連合国海外特派員たちは大挙してこの式典を取材しましたが、バーチェットは一人で西へ向かい、原爆投下から約一カ月後の広島を目の当たりにしたのです。

記事の見出しは、「原爆病（The Atomic Plague）」です。

広島では、最初の原子爆弾が都市を破壊し世界を驚かせた三十日後も、人々は、かの惨禍によってケガを受けていない人々であっても、**「原爆病」としか言いようのない未知の理由によって、いまだに不可解かつ悲惨にも亡くなり続けている。**

日本政府や日本のメディアが流した情報ではなく、連合国側の記者の取材に基づいていただけに、この記事が欧米に与えたインパクトは甚大でした。

バーチェットの記事がロンドンで配信された日、日本では連合国軍最高司令官マッカーサー元帥が、「特派員が占領の先鋒《せんぽう》となるのは米軍の方針ではない」と、海外特派員に取材禁止命令を発しました。これ以降、海外特派員は日本の報道機関が渡す翻訳に基づいて記事を作成し、その記事は占領軍のチェックを受けたうえで、日本の同盟通信社が海外へ向けて発信せざるを得なくなりました。バーチェットのスクープはギリギリのタイミングで実現したわけです。

なお、この取材禁止令は、一九四五年十二月に解除され、十二月三十日に記者団が広島を取材しています。しかし、バーチェットの記事のような、被爆地の惨状に迫る記事はあらわれませんでした。歴史家の今堀誠二が『原水爆時代』（三一新書）で指摘しているところによると、被爆者は四五年十二月までに、症状が激しく死亡率の高い時期を乗り越え、ケロイドの症状も顕著にはあらわれていなかった。そのため、病状が安定したと占領軍に解釈された。この頃、数十の仮設病院が次々と閉鎖され、患者は自宅に帰されるか、奥地の病院に移された。その結果、原爆症患者は目立たなくなったといいます。だから、取材許可が下りても、「被爆後の悲惨な状況」を伝えること

DAILY EXPRESS

30th DAY in Hiroshima: Those who escaped begin to die, victims of—

THE ATOMIC PLAGUE

'I write this as a warning to the world'

DOCTORS FALL AS THEY WORK

Poison gas fear: All wear masks

3,320,173 AMAZES AMERICA

THE PICTURE THAT DOES NOT TELL THE WHOLE STORY

The big switch: 'Over by spring'

4.30 A.M. LATEST

'RUSSIA HAS NOT INQUIRED'

MAN IS STABBED DURING DANCE

Forces may cut meat ration

MORE FOR CIVILIANS?

SPAIN TO SHARE IN TANGIER

Queues for St. Leger

Car for £100 —in Germany

London milk cut mystery

Byrnes sails for Britain

Window glass —in Germany

'General Motors control Flat'

Freyberg—New Zealand's new Governor

BOURNVILLE COCOA

デイリー・エクスプレス（1945年9月5日付）に掲載されたバーチェットの記事「原子病」。

が難しかったのです。

■ファーレル声明

その翌日の九月六日、バーチェット記事を打ち消す形で、マンハッタン計画の副責任者トーマス・ファーレルが声明を出しました。日本がアメリカに対してポツダム宣言を条件付きで受け入れると回答を寄こした八月十日（アメリカ時間で八月十一日）、マンハッタン計画総責任者グローブズの命を受け、原爆効果調査団の指揮官に選ばれたのがファーレルでした。彼らは八月三十日に来日し、調査の準備をしていました。東京帝国ホテルで開かれた連合国海外特派員向けの記者会見で、ファーレルが発表した声明は、今堀誠二の書によると、次の通りです。

広島・長崎では、死ぬべきものは死んでしまい、九月上旬現在において、原爆放射能のために苦しんでいる者は皆無だ。

■ファーレル声明の根拠は、日本側の調査

実はこのときファーレルらの調査団は広島、長崎へ出発する前でした。それでは、ファーレル

は何を根拠にこんな声明を発表したのでしょうか。占領史研究家の笹本征男が明らかにしたところによれば、それは日本政府の代表が横浜に駐留していたアメリカ占領軍に提出した「原爆被害報告書」です（ファーレルは九月六日付のグローブズ宛て書簡で「われわれは広島で研究している日本人の医学的・科学的調査団による公式の報告書の翻訳予備原稿を読み終わったところである」と報告しています）。

「原爆被害報告書」の結論の一つは、「爆心地の周辺には人体に被害を及ぼす程度の放射能は存在していない」というものでした。おそらくファーレルはこの記述を根拠として、九月六日の声明を出したのだと思われます。

先に引用した八月二十五日付の「ニューヨーク・タイムズ」の記事を思い出してください。そこには、「原爆のウラニウム核分裂により生じた放射能は死者数を増大させつつあり、復興作業に従事した人たちに様々な症状を惹起しつつある」とありました。少なくとも日本側は、残留放射能の影響があるという立場だったはずです。ところが、占領軍に提出した「原爆被害報告書」では、その立場を逆転させている。

この報告書は、日本がアメリカに要請されたのではなく、自主的に提出したものです。前出の笹本征男は、日本が戦後、原爆調査体制を強化して、アメリカに積極的に協力していった歴史を、『米軍占領下の原爆調査』（新幹社）で明らかにしています。

報告書には、陸軍軍医学校の軍医らによる被爆者の解剖結果が含まれました。笹本は、原爆加害国であるところのアメリカに、原爆被害国であるところの日本が協力するおかしさを、次のようなたとえで説明しています。

もし日本軍が調査研究を許したとして、中国軍が「殉職せる同僚」を解剖して、その結果を日本軍に提供することは考えられない（前出書）。

たしかにその通りです。この見方に立てば、「原爆被害報告書」の結論の一つ、「爆心地の周辺には人体に被害を及ぼす程度の放射能は存在していない」は、「大日本帝国がアメリカ占領軍に恭順の意を表した証拠」（前出書）と考えられます。

さて、こうして残留放射能の存在を否定した「原爆被害報告書」ですが、放射能によって引き起こされる障害の存在は否定していないのです。

あまり深刻ではない負傷を負った患者のみ五日市支部病院に収容された。最初は彼らは健康に見えたが、何人かはだんだん具合が悪くなり、亡くなった。五人の患者が八月十七日以降、それぞれ六百、千二百、千三百、三千六百、そして四千八百と白血球の減少を見せ、体調が悪くなった。

ここには広島、長崎で見られた典型的な症状が書かれています。原爆によるケガは軽く、しばらく元気に過ごしていたら、いつしか皮膚に斑点があらわれ、脱毛がはじまるなどして体調を崩し、亡くなってゆく。こうした経緯をたどって亡くなった被爆者について報告していたのです。

さらに所見として、「一、五日市支部病院の人たちのような死亡が起こる可能性があるため、臨床上の観察と検査を、期間を延長して行わなければいけない。二、有害物質の粒子が実際に存在するかどうか決めるためには、詳細な再調査が必要である」と述べています。

この報告書はわずか四ページの短いものなので、ファーレルがこれらの記述を見逃したとは思えません。彼がどうして「広島・長崎では、死ぬべきものは死んでしまい、九月上旬現在において、原爆放射能のために苦しんでいる者は皆無だ」という結論を下せたのか、理解に苦しみます。広島、長崎では、被爆者の急性死は一九四五年十二月末まで続いたのです。

ところで九月六日のファーレルの記者会見には、バーチェットが参加していました。広島取材から東京に戻ってきていたのです。

ファーレル声明の内容は、バーチェット自身が目撃した広島の状況と著しく異なりました。そこでそのことを率直に問うと、ファーレルの答えは概略次のような内容でした。

残留放射能の危険をとりのぞくために、相当の高度で爆発させたため、広島には原子放射能が存在し得ない。もしいま現に亡くなっている人がいるとすれば、それは残留放射能によるものではなく、原爆投下時に受けた被害以外にあり得ない――。

バーチェットはまだ納得できません。今度はもっと具体的に、広島市の中心部を流れる川で魚が死んでゆく現象のことをどう説明するのか、と質問。「魚が死んだのは、明らかに、爆風によるか水の温度が極端に高くなった」ためだというのがファーレルの答え。さらにたたみかけます。一カ月たったいまも市の郊外では生きていた魚が川のある地点までくると死んだという事例がある。これをどう説明するのか？　ファーレルは、質問には答えず、「君は日本の宣伝の犠牲になったのではないか」といって腰をおろし、記者会見を終了したのです。

ファーレルは、九月八、九日に原爆効果調査団とともに広島で調査した後、東京に戻って、十二日に再び会見を行っています。広島を自分の目で見た後であるにもかかわらず、ファーレルの見解は前回の声明と変わりませんでした。「ニューヨーク・タイムズ」（一九四五年九月十三日付）でW・H・ローレンス記者が報じたところによれば、ファーレルは、「それ〔原爆〕が廃墟となった町に残存する放射能を生み出したり、爆発時に毒ガスを作り出すことを、断固として否定した」とのことです。

ここまで見てきたように、日本側の調査報告を、都合のいい部分だけ選んで利用して作られたのがファーレル声明です。ここに大きな問題がはらんでいるのはもちろんです。しかし、一九四三年五月にはマンハッタン計画の一環として「放射能毒性小委員会」が発足し、そこでは放射能（放射性物質）が毒として認識されていました。ごく少量の放射能でも人体に深刻な影響を与えることも知られており、放射能を（爆弾ではなく）兵器として利用する計画も検討されていたくらいです。

放射能毒性小委員会による一九四三年六月十日付の文書のタイトルはずばり「軍事兵器としての放射性物質」（⇩168ページ）。この文書は二〇一四年に私がアメリカ在住の研究者の協力を得て入手したのですが、冒頭で、「戦時における兵器として放射性物質の使用は、このプロジェクト〔マンハッタン計画〕の各メンバーによって慎重に検討されてきた」と述べています。また、同年八月六日付の文書「放射性物質の軍事兵器使用についてのS－1委員会の小委員会報告」は、「B　敵の領土の広範囲の汚染について」という項目の中で、放射能兵器によって地域が汚染されると、そこに滞在した人々の健康に深刻な障害が出ることを次のように指摘しています。

非常に汚染された地域では、数時間以内の被曝であれば、影響は少ないか、ないだろう。しかし**一日の被曝は、被爆した人の大多数に一時的な健康障害を起こすだろう。二、三日の被曝は長期的な健康障害を与え、いくつかのケースでは死へと至るだろう。この地域で一週間以上居住している者にとっては致死的である。**したがって、避難が必要だろう。被曝の影響は数日また時によって数週間遅れるため、この兵器は、人々に迅速な生理的作用を及ぼす手段としての価値はほとんどない。一方、たとえば非常に濃縮すれば数時間で症状があらわれるだろう。

SECRET

REGISTERED
NO. 12703

RECEIVED
JUN 10 1943
N.D.R.C.
OFFICE OF THE CHAIRMAN

RADIOACTIVE MATERIAL AS A MILITARY WEAPON

NND 931013
HRM/CARR 7/20/94

I. INTRODUCTION

The use of radioactive material as a weapon of war has already been given considerable thought by various members of this project. In this part of the report, an attempt is made to assemble the more important factual information and pertinent suggestions which have bearing on the problem. The appendices give more complete discussions, tables furnished by other members of the committee, and references to some of the previous reports on the subject.

The bases on which radioactive material may be useful for the purpose here considered are:

1. Large doses of penetrating radiation can cause serious body injury and death.

2. The chain reacting pile is a source of very large quantities of radioactive materials which emit high energy beta-rays and gamma-rays, and which have half-lives ranging from seconds to months. The rate at which this material can be expected to be produced (by us or by our enemy if his state of development is comparable to ours) will be sufficient to contaminate large areas to a radiation level that would make it impossible for life to continue for many days in the area until decontamination had been effected or until a sufficient time had elapsed for the activity to decay.

II. FUNDAMENTAL INFORMATION

REVIEWED AND NOT DECLASSIFIED BY U. S. DEPARTMENT OF ENERGY OFFICE OF CLASSIFICATION
RAYMOND A. CARPENTER
REVIEWED BY
6-28-79
DATE

A. Biological

1. Effects of gamma-rays

The relation between dosage and the damage produced in tissue when small areas of the body are irradiated as in radiation therapy is well known. For whole body irradiation of humans, less work has been done, and in general, radiation administered is far from the lethal amount. Much of the information on whole body radiation as far as lethal effects are concerned has been

This document contains information affecting the national defense of the United States within the meaning of the Espionage Act. U. S. C. 50; 31 and 32. Its transmission or the revelation of its contents in any manner to an unauthorized person is prohibited by law.

SECRET

「軍事兵器としての放射性物質」。

この報告書は放射性物質が有用である根拠として次の点を挙げた。
1．高線量の放射線の貫通は深刻な身体的障や死を引き起こしうる。
2．連鎖反応炉は、高エネルギーのベータ線やガンマ線を放出し、数秒から数カ月が半減期の、大量の放射性物質の源泉となりうる。（略）除染されたり、放射能が崩壊する充分な時間が経過するまで、この地域で何日も生活をつづけることが不可能になるほど高いレベルの放射線で広い地域を汚染するのに充分であろう。（略）
（アメリカ国立公文書館）

これらの報告書が作成される際、医学的な見解を提供したのが、マンハッタン計画の医学部門責任者のスタッフォード・ウォレンでした。このウォレンこそ、Q&A④で述べるように、戦後、放射線医学の科学的権威として、広島、長崎の残留放射能の影響を否定する見解をファーレルに提供した人物です。兵器としての放射性物質の利用の検証に関わった科学者が、広島、長崎の放射能の人体影響を過小評価・否定したわけです。

この経緯を考えに入れると、余計にファーレル声明は筋が通りません。

■上空で爆発したから安全なのか

「ニューヨークタイムズ」（一九四五年九月十三日付）によると、ファーレルは記者会見で、「残留放射線の危険をとりのぞくために、相当の高度で爆発させたため、広島には原子放射能が存在し得ない」と答えています。この発言について検討してみましょう。

まず上空で爆発すれば安全という考え自体は、一九四四年には生まれていました。原爆の爆発とともに火の玉が成層圏へ上昇し、その結果、核分裂生成物が広い範囲にばらまかれ薄まってしまうから残留放射能の影響はなくなると考えられたのです。ファーレルの発言は、この考えに沿ったものと言えます。

しかし、上空で爆発すれば安全というとき、誰に対する安全性が想定されていたのでしょうか。

山崎正勝・日野川静枝編著『増補　原爆はこうして開発された』（青木書店）によれば、それは原爆を運ぶパイロットや実戦要員なのです。原爆攻撃を受けた側の被害という観点から、「上空で爆発すれば安全」かどうかは検討されていないわけです。

それでは、実際のところ、上空で爆発すれば、地上にいる人間は、放射能の影響を受けないのでしょうか。

物理学者で、被ばく問題に詳しい澤田昭二は「放影研の『黒い雨』に関する見解を批判する」という論文で次のように述べています。

原子雲の中央部の雨滴は大きくなって、対流圏と成層圏の境界の圏界面（地上約1万m）を突き破って成層圏に達しました。原子雲の中央部から降下した雨は、雨滴が大きく放射性降雨になって地面に降下しました。これが「黒い雨」と呼ばれる放射性降雨です。他方、原子雲の周辺部の雨滴は小さく、圏界面に達するとそれ以上上昇する力もないので、下からの上昇気流に押されて水平方向に広がりました。小さい雨滴の大部分は、降下中に水分を蒸発させて元の放射性微粒子になり、この放射性微粒子が広がった原子雲の下に充満しました。原子雲の下の広い範囲の被爆者が、気づかないまま、この放射性微粒子を呼吸や飲食で体内に摂取し、放射性微粒子は体内で放射線を放出して内部被曝をもたらしました。（略）放射性物質は火球《かきゅう》に含まれて急上昇していたので、爆風で飛び散ることにはなりません。さらに原子雲の水滴に含まれてかなりの部分が放射性降下物になりました。もちろん原子雲の水滴が上空で蒸発して放射性微粒子は全地球上にも広がりました。

ファーレルは、「残留放射線の危険をとりのぞくために、相当の高度で爆発させたため、広島には原子放射能が存在し得ない」と言いました。しかし、この発言にははっきりした根拠が当時も今もないわけです。また、先に紹介した「ニューヨーク・タイムズ」の記事では、オッペンハイマーの発言として「ニューメキシコにおいて行われた核実験において、事実上残留放射能は認められなかった」と述べられていますが、これも今ではウソであることが明らかにされています。残留放射能は認められなかったどころか、土壌を広範囲に汚染し、いくつかのホットスポットが確認されているのです。前出のアイリーン・ウェルサム『プルトニウムファイル』やキャサリン・コーフィールド『被曝の世紀』（朝日新聞社）などに詳しく書かれています。

しかし、ファーレル声明は、簡単には覆《くつが》せない一種の権威として、日本に定着してしまいます。

■プレスコード

そこに大きな役割を果たしたのが、一九四五年九月十九日に発令されたプレスコードです。プレスコードの趣旨は、「日本に言論の自由を確立せんが為（略）言論を拘束するものに非ず寧《むし》ろ日本の諸刊行物に対し言論の自由に関し其《そ》の責任と意義とを育成せんとするを目的とす」と、言論の自由を謳《うた》っているわけです。

しかし、具体的な規則の中に、**「連合国に関し虚偽的又は破壊的批評を加えてはならない」「連合国進駐軍に関し破壊的に批評したり、又は軍に対し不信又は憤激を招くような記事は一切掲載してはならない」とあるように、占領軍批判を封じることがプレスコードの主たる目的でした。**

プレスコード発令に先立つ九月四日、日本本土に上陸したばかりのアメリカ軍はNHKによる海外向け外国語放送を禁止。さらに九月十四日には同盟通信による海外モールス放送を禁止します。原爆被害情報を世界に訴えていた日本の動きはこうして封じられました。

九月十五日には、鳩山一郎代議士による談話「〝正義は力なり〟を標榜する米国である以上、原子爆弾の使用や無辜《むこ》の国民殺傷が病院船攻撃や毒ガス使用以上の国際法違反、戦争犯罪であることを否《いな》むことはできないであろう」を載せた朝日新聞が二日間の業務停止命令を受けます。プレスコード発令前から、占領軍による検閲体制は準備されていました。プレスコード発令以降は、新聞、雑誌、本などの刊行物から手紙、封書まで検閲を受けるようになります。

特に厳しく検閲されたのが原爆に関する文章で、ファーレル声明から外れると、「連合国に関し虚偽的又は破壊的批評」とみなされ、記事は差し止め、本などは発禁処分を受けました。

たとえば、一九四六年五月、原爆症の研究にあたっていた東京大学医学部の都築正男《つづきまさお》教授が、医学雑誌『綜合医学』に書いた原稿が部分削除の命令を受けています。その削除の指定を受けたのは、「爆発操作に伴う何等かの毒瓦斯《ガス》様物の発生は考え得ることであり、これ等《ら》の毒物によって死亡された犠牲者もあったであろうことは想像に難《かた》くない」という部分でした。「考え得る」「想像に難くない」といった記述が、プレスコードの「報道記事は事実に即し、筆者の意見は一切加えてはならない」とする規則に引っかかったのです。

プレスコードは憶測を禁じていました。しかし、これを憶測と言うなら、ファーレル声明も憶測です。アメリカ軍による最初の広島、長崎調査が行われる前に出されているからです。同じ憶測でも、最初に被爆地を調査し、その後も継続して調査した都築教授の憶測のほうが信頼性は高いはずです。実際には、すでに述べたように、ファーレル声明は都築教授らの調査に基づいてなされました。しかも、都築教授らの調査で指摘された「残留放射能の影響」の可能性を無視して。

ここからわかるのは、アメリカが、「残留放射能の影響」や「何等かの毒瓦斯様物の発生」（どちらも同じことです）をいかに否定したかったかということです。

ファーレル声明で述べられたことが「事実」であり、それに反することは、その可能性を指摘することすら許されませんでした。言論の自由を謳いながら、白を黒と言いくるめる仕掛けが、プレスコードの本質でした。

❸ 内部被ばくは、人体にどのような影響を与えますか？

アメリカは広島、長崎における残留放射能の存在を認めませんでした。その結果、広島、長崎で多数見られた残留放射能によると考えざるを得ない症状の存在も認めませんでした。それが「ファーレル声明」です。

しかし、残留放射能は内部被ばくをもたらし、内部被ばくは人体にさまざまな悪影響を及ぼします。そこで、まず内部被ばくが起こる仕組みについて説明しましょう。

内部被ばくとは、人体に取り込まれた放射性物質から出る放射線による被ばくのことです。原爆が炸裂するとき、燃料であるウランやプルトニウムは、核分裂を次々と起こし、大量の核分裂生成物＝放射性物質をまき散らします。これら放射性物質はそのまま地上に降ってきたり、一定の間、空を漂った後、雨とともに地上に落ちてきたりする。これを放射性降下物と言います。放射性降下物は、直接、口から、あるいは鼻から体内に取り込まれることもあれば、土壌に落ちて農産物に吸収された後、食事を通して体内に取り込まれることもある。畜産動物を経由して人に取り込まれる場合もあるでしょう。

放射性物質とは、放射能を持ち、放射線を出す物質のことですが、一口に放射線と言っても、種類はさまざま。種類ごとにエネルギーも違えば、飛ぶ距離も違い、その結果、人体に作用する仕方も違います。被ばく問題を扱うとき、どんな放射性物質が、どんな放射線を出すのか、区別して議論しないと、とんちんかんな話になってしまいます。

■アルファ線とベータ線で内部被ばく

内部被ばくで特に問題になる放射線は、アルファ線とベータ線です。

アルファ線は、水中で数十マイクロメートル（一マイクロメートルは、〇・〇〇一ミリメートル）しか飛びません。人体内でも同じ程度です。空気中なら数十ミリメートル飛びますが、いずれにしても極めて短い距離しか飛ばずに止まってしまいます。したがって、アルファ線源（アルファ線を出す物質）が、体の外にある限り、心配ありません。アルファ線が体に届くことはほとんどないからです。

しかし、これが体の中に入れば話は違ってきます。アルファ線源から数十マイクロメートル離れたところには、皮膚に守られていない、むき出しの細胞が無数にあります。アルファ線は数十マイクロメートル飛ぶ間に、持っていたエネルギーのすべてを使い切って止まります。

細胞は、タンパク質やDNAなど、さまざまな分子から成り立っています。分子もまた、さまざまな原子が結合してできていますが、原子を結合する「糊《のり》」の役割を果たしているのが電子です。アルファ線が持っていたエネルギーは、電子に渡されます。

エネルギーを受けとった電子は、（そのエネルギーが一定の大きさ以上であれば）分子を離れ、糊を失った分子は壊れてしまいます。これが、放射線の電離作用です。アルファ線の実体はヘリウム原子核という粒子ですが、これ一個あたり、約十万個の分子を切断します。

アルファ線による内部被ばくの例として歴史上有名なのは、一九二〇年代のダイヤル・ペインター事件です。アメリカのニュージャージー州ウエストオレンジにある「USラジウム」社の工場で、その事件は起きました。腕時計の文字盤の数字の縁を蛍光塗料で塗るのが、その工場での仕事でした。工場の労働者の大半は女性で、彼女らはダイヤル・ペインターと呼ばれていました。蛍光塗料の成分は、ラジウム226と発光硫化亜鉛です。

一九二四年頃から、そんな彼女らの間で、骨肉腫や貧血で命を落とす人たちが目立ちはじめます。調査の結果、その原因は、女性たちが、文字盤を塗る前に、蛍光塗料をつける筆の毛先を整えるために、筆の毛を舐《な》め、そのとき体内に取り込まれたラジウム226の放出するアルファ線であると突き止められます。ラジウムは、カルシウムと化学的性質が似ているために、カルシウムと同じように骨に蓄積されます。そして骨に蓄積したラジウム226から放出されるアルファ線の影響で骨がんが発症し、骨髄に障害を与えていたのです。この事件はアメリカで大きな社会問題となりました。

ベータ線にも電離作用がありますが、アルファ線が水中（体内）で数十マイクロメートルの飛距離しかないのに対して、ベータ線は数センチメートル飛び、その間に約二万五千個の分子を切断します。

アルファ線やベータ線がどの分子にあたるかはそのときどき異なりますが、DNAにあたると、たとえば染色体異常が引き起こされます。細胞にはDNA修復機構があるため、DNAの一箇所が傷ついても問題はありません。しかし、アルファ線源やベータ線源が体内の一定の場所にとどまったままであれば、常にその周囲の細胞はくり返し電離作用を受けます。修復機構の限界を超えて修復できなかったり、誤って修復されたりするのです。その影響はすぐにあらわれるとは限りません。がんなど、十年以上経って発症する障害もあります。こういう障害を晩発《ばんぱつ》障害と呼ぶのに対して、被ばく後、一、二週間で発症する障害を急性障害と呼びます。

■入市被爆

それでは原爆の残留放射能がもたらした影響とはどのようなものでしょうか。原爆症認定訴訟の原告の一人、Aさんの例を紹介しましょう。Aさんは、広島原爆の投下時、広島市内にはいませんでした。しかし、肉親を探しに、後日、広島市内に入ったのです。そのときの様子が、Aさんの控訴書面に具体的に記されています。一部を引用しましょう。

ア　被爆状況及び被爆直後の状況

原告Aは（昭和四年四月六日生）は昭和二〇年八月六日の朝、十日市町の中国軽飛行機会社に行く途中で三次高等女学校（以下「三次高女」という。）に立ち寄ったときに、原爆投下の閃光を見た。その後、同年八月一九日、原告Aは、四年生を中心に編成された二〇〇名を超える「広島に救援に行く決死隊」に参加し、教師の引率で広島に入市した。当時原告Aは、一六歳で同高女四年生であった。

原告Aは、芸備線で広島市に向かい、広島駅から徒歩で、二〇数人の班に分かれて、爆心地近くの猿楽町を通って、爆心地から約三五〇mの本川国民学校へ向かった。広島市内は、電車は焼け焦《こ》げ、電柱は横倒しになり、瓦礫《がれき》の山で廃墟のようになっていた。遺体は骨となっており、原告Aらは、その骨を踏みながら歩いて行かざるをえなかった。応急救護所に充《あ》てられ、多くの被爆者が収容された本川国民学校では、校舎が焼けて外枠だけが残り、雨露がやっとしのげる状態であったが、建物内には身体にも白い薬を塗った大勢の被爆者があふれていた。

八月一九日の夕方から八月二五日まで、原告Aは、同級生らと本川国民学校で、医師等の指示に従って休む間もなく救護活動に従事し、被爆者の焼かれた皮膚のうじ虫を取って赤チンを塗ったり、食事の世話をしたり、亡くなった被爆者の衣服を整えて処理するなどした。夜になると毎日被爆者の遺体が校庭の片隅で焼かれていた。

救護活動を行っている間、電気はなく、原告Aは被爆者と一緒にむしろの上に寝泊まりし、食事は乾パン、電車通りを寺町側に渡ったところの壊れた水道から出ている水を飲んだり、その水で体を拭いたりした。沢山ある防空壕には死体が入っていて使用できなかった。

救護活動の終了後は三次の自宅に戻った。

■さまざまな放射線

Aさんは原爆投下時、広島市内にはいなかったので、初期放射線を浴びてはいません。前にも述べましたが、初期放射線とは原爆が炸裂して一分以内に放出されるガンマ線や中性子線などの放射線のことです。ガンマ線の実体は光子《こうし》（光の粒子）、中性子線の実体は中性子（陽子《ようし》とともに原子核を構成する粒子）で、それぞれの粒子一個あたりのエネルギーは、アルファ線のヘリウム原子核一個あたり、あるいはベータ線の電子一個あたりのエネルギーを大きく上回ります。透過力も高く、人体の外から容易に体内に入り込みます。とはいえ、体内に入っても、アルファ線やベータ線のように、持っていたエネルギーのすべてを体内で使いつくすわけではありません。その一部を体内の分子に渡し、体を貫いて出て行ってしまうだけです。このとき、分子から電子

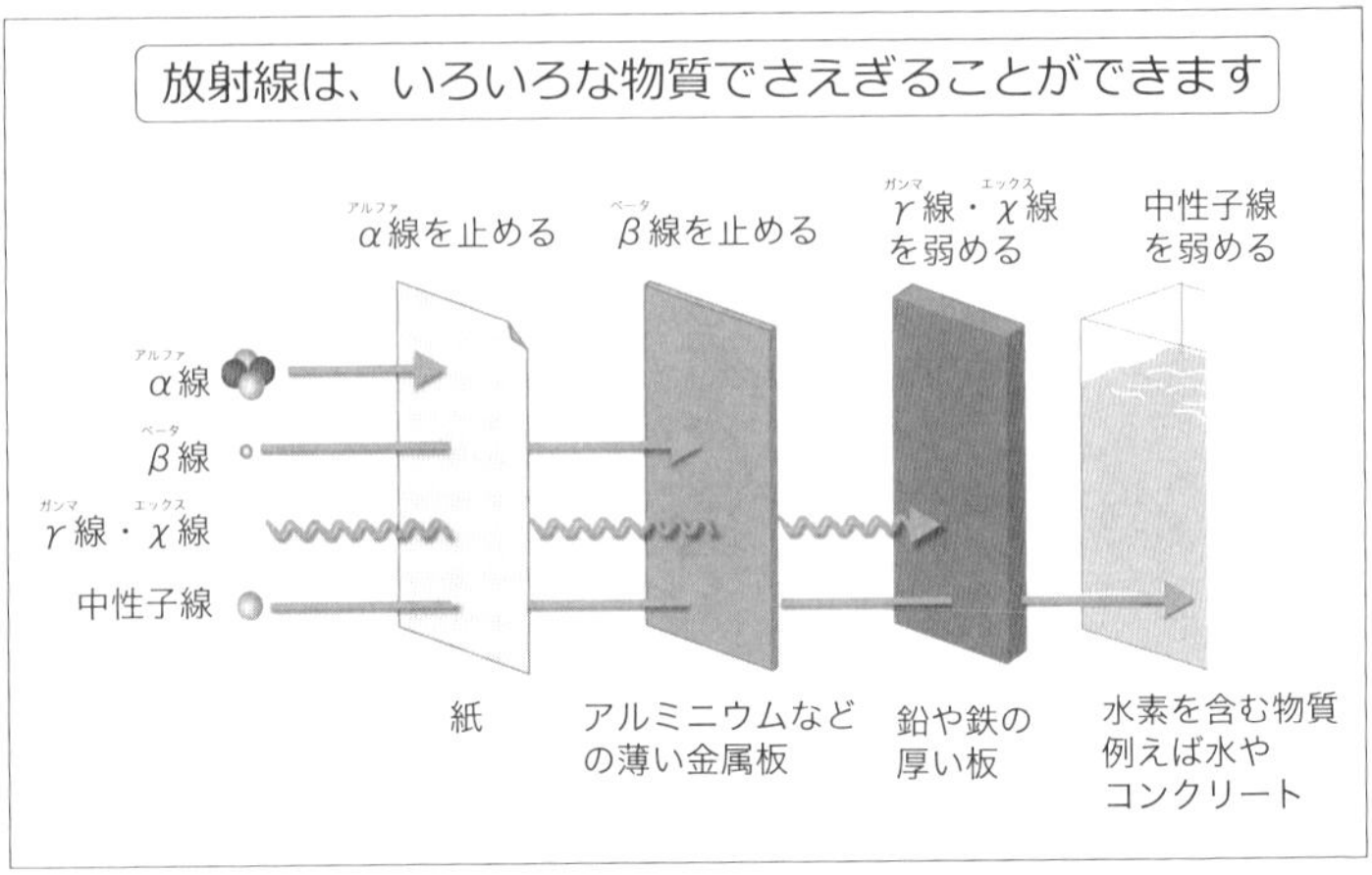

（出典） 環境省「放射線による健康影響等に関する統一的な基礎資料（平成26年度版）」 第1章 放射線の基礎知識と健康影響

が奪われ、分子は壊れます（電離作用）。これが外部被ばくによる影響です。

上の図は、放射線の透過力を説明するときによく使われるイラストです。文部科学省の『中学生・高校生のための放射線副読本』もこれを使っていますが、そこには「放射線には、透過作用があるが、放射線の種類によって異なり、アルファ線は、紙1枚、ガンマ線やエックス線は、鉛や厚い鉄の板などで止めることができる」という説明がついているだけです。

たしかにその通りなのですが、この説明ではいろいろある放射線のそれぞれに対して、どう気をつければいいのかわかりません。それに、この説明を読む人によっては、アルファ線は紙一枚で止められるから、鉛や厚い鉄の板でしか止められないガンマ線ほど気をつけなくてもいいという「誤った」メッセージを受けとるかもしれません。

このイラストを見るとき注意しなければいけないのは、**放射線を発する物質がどこにあるのか、具体的には体外なのか、体内なのかによって、人体への影響が変わってくる**点です。アルファ線の場合、それを発する物質が体外にあれば簡単にブロックできますが、体内にあればアルファ線はすべてのエネルギーを体内（具体的にはアルファ線を発する物質のある場所のごく近く）で使い果たします。それが「紙一枚で止められる」ということの意味なのです。

さて、外部被ばくでは粒子が体を貫通するわけですが、そのとき分子が壊される場所は、一般に一箇所に集中せず、点々と散らばります。そのおかげで、DNAの修復機構や、異常なタンパク質の除去機構が働いて、細胞は回復します。ここが、内部被ばくとの違いです。内部被ばくでは、体内にあるアルファ線源やベータ線源の周囲にある細胞が集中的に被ばくし、ダメージを受けるのに対して、外部被ばくでは体内の広範囲の分子が被ばくするので、その影響は限定的といえます。

ただし、ガンマ線源、中性子線源が近くにあれば、話は別で、線源から近ければ近いほど、高エネルギーのガンマ線、中性子線を体に大量に浴びることになり、結局、体内で無数の分子が電離作用を受けて破壊されることになります。それが被ばく直後に起こる急性障害に影響します。

■内部被ばくの被害

アルファ線やベータ線に比べると、ガンマ線や中性子線は飛ぶ距離が格段に長いのですが、それでも二キロメートル先にはほとんど届きません。二キロメートル以遠では、外部被ばくの影響はほとんどないと考えられます。したがって、Aさんが被ばくしたとすれば、内部被ばくだと考えられます。

さて、自宅に戻った直後から、Aさんには「全身の倦怠感、吐き気、嘔吐、食欲不振、激しい下痢、下血、脱毛」といった症状があらわれました。これ以前、Aさんは大病を患《わずら》ったことはなく、体育大会で一〇〇メートル走の選手を務めるほど健康だったそうです。しかし、「頭痛と全身の倦怠感が一年余り続き、吐き気、嘔吐、食欲不振、下痢、下血は半年ほど続いた」。さらに、その後、乳がん、白血球減少、胃がん、肝機能障害、卵巣がんを患います。

それにもかかわらずAさんの病気は、原爆を原因とする「原爆症」とはみなされず、「原爆症認定」を受けることができませんでした（だから訴訟に踏み切ったのです）。これは、国（厚生労働省）が、広島、長崎の被爆者に対して、内部被ばくによる影響を認めていないことを意味しています。

■原爆訴訟で次々敗訴する日本政府

国の理屈では、アメリカの言うとおり、広島には残留放射能が存在しなかったので、原爆投下から二週間近く経ってから広島市内に入ったAさんは被ばくしようがない。したがって、Aさんの体に発症したさまざまな障害の原因は、原爆ではない、ということになります（感染症、栄養不良などが原因とされます）。

Aさんのように、原爆症と考えられる症状を呈しているにもかかわらず、国（厚生労働省）から原爆症認定を受けられなかった被爆者はたくさんいます。ここで被爆者の定義をはっきりさせておきましょう。法律上、被爆者は、(1)広島や長崎で直接被爆した人（直接被爆者）、（2）投下時には市内にいなかったものの、二週間以内に市内（爆心から二キロ以内）に入った人（入市被爆者）、(3)被爆者を市外で手当てした人（救援被爆者）、(4)これらの人の胎児だった人（胎児被爆者）の四つに分類されます。

Aさんは(2)のタイプの被爆者にあたります。この分類に当てはまる人は、被爆者として被爆者健康手帳の交付を受けられますが、原爆症認定を受けるのは、(1)にあてはまり、かつ爆心からおおむね二キロ以内で被爆した人に限られるのです。つまり、国は、被爆者にも、放射能の影響を受けた被爆者と受けなかった被爆者がいるとして、区別しているのです。

二〇〇三年、長崎、愛知、北海道の被爆者七人が原爆症不認定処分の取り消しと損害賠償を求めて訴訟を起こしたのを皮切りに、全国で原爆症不認定取り消し集団訴訟が次々と起こされました。その結果、三十一の裁判のうち、なんと二十九の裁判で国が敗訴しています。この結果を受けて国は、原爆症認定基準を改定しました。しかし、小幅な改定に過ぎず、司法が認めた幅広い認定範囲との食い違いは残ったままです。食い違いが生じているのは、内部被ばくを認めるかどうか、どの程度、認めるかについて、行政と司法の見解が異なるからです。

行政と司法の見解の食い違いは、今後、福島第一原発事故の被ばく者にとって、大きな意味を持ってくるはずです。福島第一原発事故の被ばく者に健康被害があらわれたとき、それを原発事故の影響かどうか判断する基準として、原爆症認定基準が使われることは間違いないからです。

行政が内部被ばくを認めないのはなぜでしょうか。それは「ファーレル声明」で示されたアメリカの立場を日本政府がそのまま引き継ぎ、堅持しているからです。

残留放射能の存在を認め、内部被ばくの影響を認めてしまうと、核兵器は化学兵器や毒ガス兵器と同じ「汚い兵器」になってしまう。そんな見方を、核兵器を保有しつづけたいアメリカと、それを支持する日本政府は、認めるわけにはいきません。そのために内部被ばくの影響が軽視されつづけているのです。

しかし、いくら軽視されても、実際に、内部被ばくによると考えざるを得ない病気に苦しむ人はたくさんいます。これを内部被ばくによるものではないとするためには、何らかの仕掛けが必要です。アメリカと日本がこれまで実に巧妙な仕掛けによって、内部被ばくの影響を隠してきたかが、今ではアメリカの公文書によって明らかになっています。

❹ アメリカは戦後、広島、長崎に調査団を派遣して被爆地を調査しました。どんな目的で何を調査したのですか？

　ここまでに見てきたように、アメリカはファーレル声明の中で、残留放射能の影響はないと断言しました。この声明の後、実際に広島、長崎にアメリカのマンハッタン調査団が入って調査しますが、声明が覆《くつがえ》ることはなく、ファーレルは記者会見を開いて、残留放射能の影響を否定します。

　ファーレルの指揮の下、マンハッタン工兵管区調査団の団長として広島、長崎の調査にあたったのが、マンハッタン計画の医学部門責任者スタッフォード・ウォレンです。マンハッタン計画の医学部門では、プルトニウムを人体に注射し、一日あたりプルトニウムがどれだけ体外に排出されるかを調べる「人体実験」が行われたことが、アルバカーキ・トリビューン紙の記者アイリーン・ウェルサムによって明らかにされています。ウォレンは、この計画の責任者でした。

　ウェルサムは、『プルトニウムファイル』で、ウォレンのメモを引用しながら、マンハッタン工兵管区調査団による調査の様子を次のように描いています。

九月一〇日に（略）スタフォード・ウォーレン〔ウォレンに同じ。以下同〕は、広島に着いて、被爆者が放射能障害で次々と死ぬのを目のあたりにした。（略）救急看護所の床は吐瀉物《としゃぶつ》と血混じりの下痢便でつるつる。「ひどい悪臭。蠅だらけ」とウォーレンのメモにある。（略）ウォーレンが書き残す。注射すると「出血が止まらなくなって死んだ。血球数を測ろうと針を刺しただけで、出血が止まらなくなった」

被爆地の惨状を目にし、メモにも残したウォレンですが、ファーレルに対して、次のような報告を行っているのです。

ウォーレン大佐は、広島の死傷者の最大多数は、おそらく爆風、飛散物、および火によって生じたものと結論した。実際の内訳数はおそらく決してわからないであろう。多くのものが最初の爆発がもとで、後日に死んだであろう。ウォーレン大佐と彼の医師団は、放射能によって引き起こされたと見られる患者の数を調査した。これらの患者の障害は、爆発時のガンマ線にさらされたためだけによるのであって、危険な量の放射能が地上に沈殿した結果ではないというのが、ウォーレン大佐の見解である（ファーレルからグローブズに宛てた一九四五年九月二十七日付の書簡より）。

そしてウォレンは、一九四五年九月八日から十月上旬までに行った調査について、「重大もしくは危険な程度の放射能はなかった」と報告します。どうしてこんな結論が導かれたのでしょうか。アメリカ上院原子力委員会におけるウォレンの証言を読むと、彼らの調査がいかにいい加減だったかがわかります。再びウェルサムの著書から引用しましょう。

> スタフォード・ウォーレンは上院特別委員会で証言した。住民台帳も市役所も全滅したため、死亡統計もつくれません。もっとやっかいなのは、日本人の記憶があやふやなことでした。「医師・看護師のような知性人さえ、一時間くらいかけてあれこれ質問しても、その日に起こったことを正確に答えられないんです。**……通訳や患者の証言はアテにしないことにしました**」。放射能による死者は全体のわずか五〜七%だと見積もり、「放射能は誇張されすぎです」と語った。

「通訳や患者の証言はアテにしない」という極めて恣意《しい》的な調査によって導かれたのが、「重大もしくは危険な程度の放射能はなかった」という結論でした。ウェルサムは、調査団に参加したドナルド・コリンズによる「原子爆弾の放射能が残っていないと証明するよう」言いつかっていたという証言を紹介し、この調査が結論ありきであったことを示唆しています。

■変遷する放射能による死者数

ところが、ウォレンの初期調査に引き続いて行われたアメリカ軍による被爆地の調査は、その報告書の中で、ウォレンとは異なる見解を表明します。それがアメリカ軍戦略爆撃調査団『広島、長崎における保健・医療施設への原子爆弾の影響』という報告書です。同報告書は、

死因としての放射線の重要性は、以前に発表されたものでは確かに過小評価されていた。(略)スタッフォード・ウォレンは、上院原子力委員会の証言において放射線死は両都市の全死者の七・八パーセントに当たると推定した。この地域である期間をすごした医学研究者の大半はこの推定があまりに低すぎると感じている。一般的には死者の一五パーセントから二〇パーセントを下らない数が放射線による死者と思われる。

として、ウォレンによる死者数推定を上方修正しました。この報告書は放射能による生殖機能への影響にも触れています。この報告書の公表を受け、週刊誌「タイム」などの雑誌が、原爆の影響が他の兵器にはない特殊性を持っていることを盛んに報じ、アメリカ世論に大きな衝撃を与えました。

この報告書は、一九四七年三月に公表されました。アメリカ軍戦略爆撃調査団の医療調査部が政府刊行物として刊行したものですが、その元になる情報を提供したのは、アメリカ軍合同調査団という調査団です。アメリカ軍合同調査団は、ウォレンのマンハッタン工兵管区調査団を引き継ぎ、一九四五年末までに調査を終えました。

一九四五年に調査が終わっているにもかかわらず、その報告に、二年もかかったのはなぜでしょうか。その理由を述べる前に、アメリカ軍合同調査団について説明しておきましょう。この調査団は、団長であるアメリカ太平洋総司令部軍医団のアシュレイ・オーターソン大佐によれば、

日本で使用された二つの原爆の効果についての研究は、わが国にとってきわめて重要である。このユニークな機会は次の世界大戦まで再び得ることができないであろう（一九四五年八月二十八日付の書簡）。

という考えのもと結成された、原爆の医学的影響調査団です。表向きでは残留放射能の影響を否定しつつも、アメリカが被爆地の調査を継続したのは、「重要で」「ユニークな機会」だったからです。（原爆開発を担った）マンハッタン工兵管区、陸軍、海軍がそれぞれ調査員を出して、混成部隊を結成したことから、アメリカ軍合同調査団と呼ばれました。しかし、この調査団は、日本では一般に、「日米合同調査団」と呼ばれます。科学技術史家の中川保雄の指摘によれば、

アメリカは、この調査団の名称を日本とアメリカで使い分け、日本では「日米合同調査団」と呼び、アメリカの公文書では、「日本において原爆の効果を調査するための軍合同委員会」と呼びました。しかし、アメリカにとっては、日米合同ではなく、あくまでアメリカ軍合同なのです。日本側の呼称は、日本の協力を得やすいようにつけられたのだろうと中川は指摘しています。

アメリカ軍合同調査団は一九四五年までに調査を終え、収集した医学資料を四六年一月、呉からアメリカに移送します。その資料は、アメリカ陸海軍・軍医総監局の管理で、ワシントンDCのアメリカ議会近くにあるアメリカ軍病理学研究所で保管されました。

■公表延期された原爆影響報告書

実は、一九四六年にアメリカ軍合同調査団の調査結果をもとにした戦略爆撃調査団医学調査部の報告書（前述の『広島、長崎における保健・医療施設への原子爆弾の影響』）は、公表が検討されながら、中止されたのです。中止を求めたのは、レスリー・グローブズ。マンハッタン計画の総責任者です。グローブズは、六月十九日付の所管で次のように述べています。

アメリカ軍戦略爆撃調査団とイギリスの報告は原爆からのガンマ線の影響、とりわけ生殖機能への障害について、強調しすぎている。（略）アメリカ軍合同調査団による有効なデータの分析が完了するまで、何人も放射能とその影響についての公式声明は出せない。

グローブズがこのように述べた半月後には、第二次大戦後初めての原爆実験「クロスロード作戦」が、アメリカ陸海軍及びマンハッタン計画の第一統合任務部隊によって、マーシャル諸島ビキニ環礁で行われる予定でした。この実験には、世界中の報道関係者、上下両院議員、政府高官、国連職員が招待され、爆発の瞬間を遠巻きに眺めることになっていました。グローブズは、原爆の威力を世界に宣伝する一方、原爆医学情報を伏せて実験を行おうとしたわけです。

グローブズの要請によって延期された報告書『広島、長崎における保健・医療施設への原子爆弾の影響』の公表は、一九四七年三月になされます。公表を決めたのは、マンハッタン計画を引き継ぎ、この年一月一日に発足したアメリカ原子力委員会（ＡＥＣ）です。軍に主導されたマンハッタン計画時代と違い、文官リリエンソールを初代委員長に据えたＡＥＣは、人体への放射能の影響に関する資料を公開する方針を立てます。ところが、同年四月、この方針を転換。いったん公開していた論文も、次々と非公開にしていったのです。ＡＥＣが、機密解除計画の責任者ハロルド・フィドラー博士に宛てた手紙に、その理由が記されています。

人体実験に言及し世論に好ましくない影響のあるような、もしくは訴訟に帰結するような資料は、一切公表しないのが望ましい。

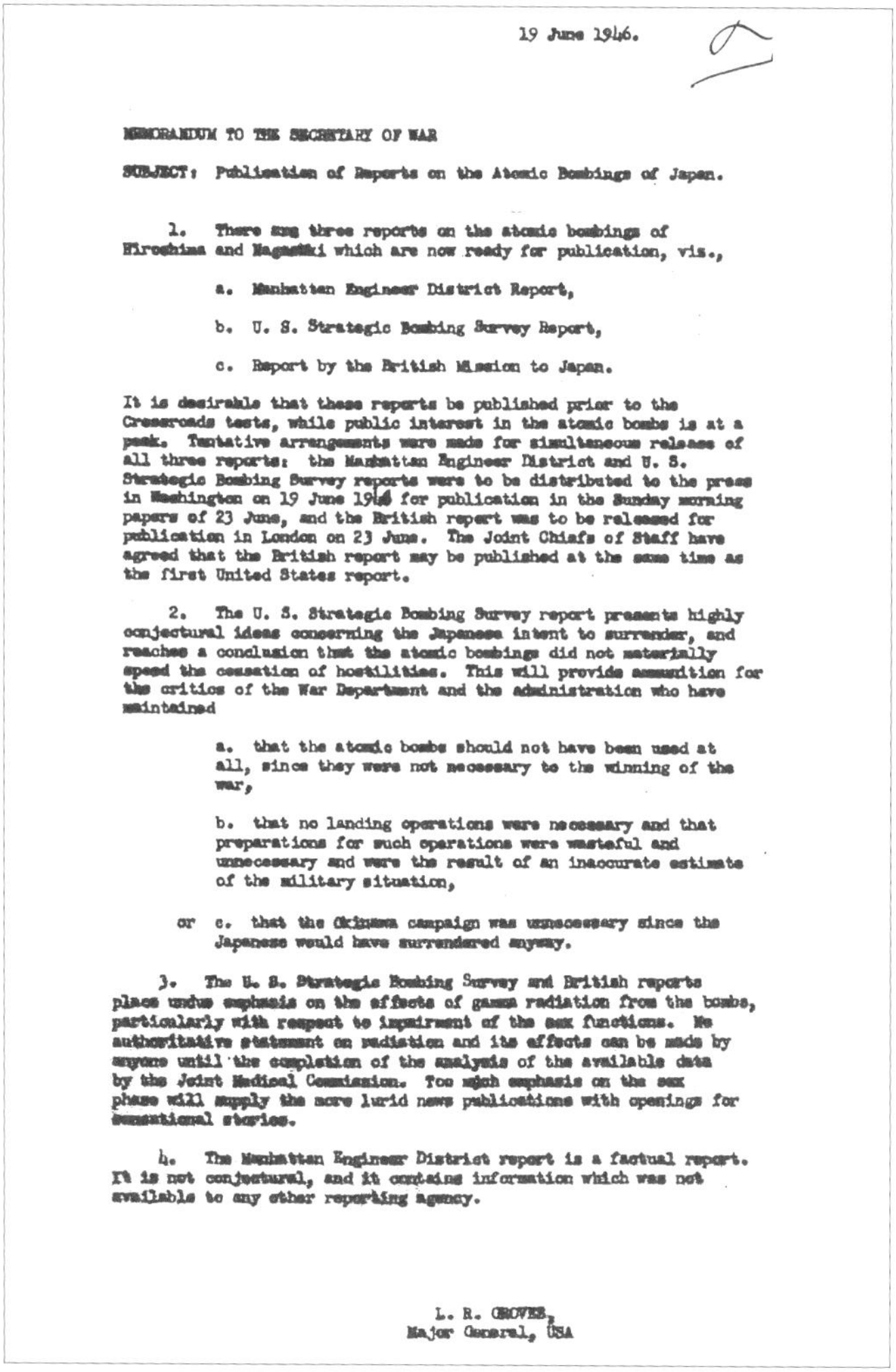

19 June 1946.

MEMORANDUM TO THE SECRETARY OF WAR

SUBJECT: Publication of Reports on the Atomic Bombings of Japan.

1. There are three reports on the atomic bombings of Hiroshima and Nagasaki which are now ready for publication, viz.,

a. Manhattan Engineer District Report,

b. U. S. Strategic Bombing Survey Report,

c. Report by the British Mission to Japan.

It is desirable that these reports be published prior to the Crossroads tests, while public interest in the atomic bombs is at a peak. Tentative arrangements were made for simultaneous release of all three reports: the Manhattan Engineer District and U. S. Strategic Bombing Survey reports were to be distributed to the press in Washington on 19 June 1946 for publication in the Sunday morning papers of 23 June, and the British report was to be released for publication in London on 23 June. The Joint Chiefs of Staff have agreed that the British report may be published at the same time as the first United States report.

2. The U. S. Strategic Bombing Survey report presents highly conjectural ideas concerning the Japanese intent to surrender, and reaches a conclusion that the atomic bombings did not materially speed the cessation of hostilities. This will provide ammunition for the critics of the War Department and the administration who have maintained

a. that the atomic bombs should not have been used at all, since they were not necessary to the winning of the war,

b. that no landing operations were necessary and that preparations for such operations were wasteful and unnecessary and were the result of an inaccurate estimate of the military situation,

or c. that the Okinawa campaign was unnecessary since the Japanese would have surrendered anyway.

3. The U. S. Strategic Bombing Survey and British reports place undue emphasis on the effects of gamma radiation from the bombs, particularly with respect to impairment of the sex functions. No authoritative statement on radiation and its effects can be made by anyone until the completion of the analysis of the available data by the Joint Medical Commission. Too much emphasis on the sex phase will supply the more lurid news publications with openings for sensational stories.

4. The Manhattan Engineer District report is a factual report. It is not conjectural, and it contains information which was not available to any other reporting agency.

L. R. GROVES,
Major General, USA

陸軍長官に放射線とその影響についての公式声明を出さないよう要請するレスリー・グローブズ将軍の書簡＝1945年6月19日（アメリカ国立公文書館）

戦略爆撃調査団の資料も、公開への準備が進められつつ、途中で、非公開へ方針転換されました。私は、アメリカ国立公文書館のアーキヴィストであるジョン・E・テイラーから、その事情を直接聞いたことがあります。彼によると、一九四七年、アメリカ軍戦略爆撃調査団の資料がアメリカ国立公文書館へ移管され、公表に向け、準備が進められたそうです。ところがその夏、二人の陸軍将校がやってきて、それらの資料を公開すべきか否かが検討された。その結果、全体の公開が延期されることになったといいます。

一方、同じ時期、アメリカが原爆を使用したことの正当性を説く論調も強まります。「原爆によって百万人が救われた」と主張する原爆神話を広めるきっかけになったヘンリー・スティムソンの論文が「ハーパーズ・マガジン」に掲載されたのは一九四七年二月。原爆製造に成功したマンハッタン計画の歴史をサクセス・ストーリーとして描いた、グローブズ承認の映画『始めか終わりか』(The Beginning or the End ＭＧＭ制作)が公開されたのも同年三月でした。

このように**一九四七年は、原爆の人体への影響に関する情報の一部が世に出る一方で、その全面的な情報公開が見送られ、第二次世界大戦を終わらせた素晴らしい兵器として原爆がアメリカ国民に印象づけられた年だった**のです。

アメリカ軍合同調査団を引き継いだ「原爆傷害調査委員会」(ＡＢＣＣ＝Atomic Bomb Casualty Commission)が、広島赤十字病院の一部を借り受けて開設されたのも一九四七年三月でした(長崎ＡＢＣＣは一九四八年七月に長崎医科大学内で開設)。ＡＢＣＣは被爆者をモルモット扱いしたとして、後に被爆者の怒りを買うことになる組織です。

■『もはや隠れる場所なし』

さて、アメリカ軍戦略爆撃調査団医療調査部の報告書『広島、長崎における保健・医療施設への原子爆弾の影響』の中で、広島、長崎における放射線死の推定が「あまりに低すぎる」と指摘されたスタッフォード・ウォレンは、その後、どういう反応をしたのでしょうか。

ウォレンの意見は、医学雑誌『医療用放射線写真術と写真』(Medical Radiography and Photography, 一九四八年）の表紙裏の目立つ場所に掲載された文章で知ることができます。当時、ウォレンはカリフォルニア大学ロサンゼルス校の教授でしたが、放射線医療研究の権威としてAECに対して影響力を持っていました。ウォレンはこの雑誌の扉で、「日本の二つの都市で起こったような、上空での原爆の爆発」の場合、「危険な核分裂物質は亜成層圏にまで上昇し、そこに吹く風によって薄められ消散させられる。都市は危険な物質に汚染されるわけではなく、すぐに再居住してもさしつかえない」と述べ、広島と長崎における放射能被害の存在を改めて否定しました。

一方、ウォレンは本文中で、一九四六年七月に行われた「クロスロード作戦」における二回目の原爆の水中爆発実験の場合は放射能汚染があると認めました（ただし実験に参加した兵士などが被ばくしたとは認めませんでした)。水中爆発では深刻な汚染があり得るが、空中爆発なら問題ないという説明です。

ウォレンが、クロスロード作戦について触れているのは、当時、この作戦に放射線測定技師として参加していたデーヴィッド・ブラッドレーの著書『もはや隠れる場所なし』(No Place to Hide)がベストセラーとなり、注目を集めていたことに対して、何らかの意見を表明する必要があったからです。ウォレンはクロスロード作戦における安全管理責任者でした。

ブラッドレーはこの著書で、作戦に携わる中で、残留放射能の恐ろしさに気づいていった様子を描き、タイトルの通り、放射能を防ぐことは不可能だと訴えました。

クロスロード作戦で、ウォレンが設定した安全基準は「二週間で五〇~六〇レム(五〇〇~六〇〇ミリシーベルト)もしくは一日一〇レム(一〇〇ミリシーベルト)を受けた人は、放射線安全偵察隊に参加しつづけることができない」というものでした。現在、放射線作業従事者に対する被ばく線量限度は年間五〇ミリシーベルトです。つまり、二週間で五〇〇~六〇〇ミリシーベルトというのは、今日の基準の十倍に当たります。非常に高い水準です。

私は、クロスロード作戦に参加したチャールズ・マッケイ氏に話を聞いたことがあります(一九九七年五月二十六日)。マッケイ氏は、海軍兵として、一九四六年七月一日の早朝に行われた空中爆発実験(テスト・エーブル)を、約三五キロ離れた戦艦クーカルから観察していました。その日の午後、クーカルは標的として実験区域に浮かべられていた戦艦の調査に向かい、三日後、マッケイ氏は爆心地近くの海に潜ります。沈没した標的艦を撮影するためです。当時マッケイ氏は将来自分の身に起こりうることについて何の知識も持っていませんでした。ところが、一九七〇年代に行った身体検査で大腸がんが見つかります。早期発見のがんでした。マッケイ氏によると、同じように実験に参加した多くの元兵士は、早期発見できずに亡くなったと言います。

核実験に参加したことによって健康被害を受けたと訴える元兵士たちの声は次第に高まっていきましたが、それに対する調査結果として『クロスロード核実験へのベテラン参加者の死亡率』(医学協会)が出されたのは一九九六年になってからです。この報告書は、クロスロード作戦の参加者が、非参加者よりも死亡率が高いことを認めました。ところが、その原因は、放射能以外の不確定な要因と、参加者名簿の中での選択に偏《かたよ》りがあることとしています。放射能の影響については判断を保留したわけです。

福島第一原発事故を起こした東京電力は、福島第一原発事故直後、「重大な事故が起きた際に緊急作業に当たる作業員の被曝線量の上限」を一〇〇ミリシーベルトから二五〇ミリシーベルトへ引き上げました。そして二〇一一年十二月に政府は福島第一原発が冷温停止状態に達したとして、この基準値をいったん一〇〇ミリシーベルトに戻します。ところが、二〇一六年四月以降、再び二五〇ミリシーベルトに引き上げられます。クロスロード作戦の基準値に近づきつつあるのです。

❺ ABCCが、被爆者をモルモット扱いしたと言われるのはなぜですか。どんな調査をしたのですか？

原爆傷害調査委員会（ABCC）は、被爆者を何度も呼び出し、裸にするなどして体を詳しく調べる一方、治療することはありませんでした。そのことから、多くの被爆者が、自分たちはABCCからモルモット扱いされたと感じているのです。

こんな話もあります。自身の原爆体験を描いた『はだしのゲン』の著者として知られるマンガ家の中沢啓治氏（二〇一二年十二月に死去）は生前、テレビ番組「報道特集」（二〇一二年七月二十八日放送）の中で、一九六六年に母親が亡くなった直後のエピソードをこう語っています。

「ABCCが来てね。『お袋の内臓をくれ』と言うんですよ。棺桶《かんおけ》にいるお袋の内臓をくれって。怒ったんですよ、『帰れ！』って。広島市を見下ろす比治山《ひじやま》の上からジーッと見ているんでしょうね。今日は被爆者の誰が死んだ、誰が死んだ、と」

このケースでは、ABCCによる遺体の引き取りを中沢氏が断っていますが、「葬式代を出してやる」などと言われ、泣く泣く同意した遺族もたくさんいます。

ＡＢＣＣは一九四八年から五四年にかけて被爆者の間に遺伝的影響があるかどうかを調べているのですが、その際、ＡＢＣＣが利用したのは、広島、長崎の助産師です。当時、大半の出産を助産師が介助していました。ＡＢＣＣは、助産師の協力を得て、被爆者の親の妊娠期間、新生児の性別、出生体重、親の氏名、住所の情報を入手していたのです。

■ＡＢＣＣの情報収集方法

私は、二〇〇六年に、全米科学アカデミーが保管するＡＢＣＣ関係文書の中から、この調査でＡＢＣＣが助産師に謝礼金を支払っていたことを示す記述を見つけました。一九五四年二月十二日付の報告書によると、新生児の出産一件の通知あたり五十円支払ってきたこと、調査の終了にあたって、これまでの通知件数分の謝礼金の一割に二百五十円を足した金額を支払う旨、記されていました。ちなみに一九五三年の白米十キロは六百四十円ほどなので、助産師に支払われた謝礼金はごく少額です（二〇一五年の物価の四分の一として、一九五三年の五十円、二百五十円は、それぞれ二〇一五年の二百円、千円に相当）。報告書には、助産師の他、市、保健所、開業医の協力を示す記述もありました。

助産師たちがどのような気持ちでＡＢＣＣに報告していたかはわかりませんが、占領下にあって、アメリカの調査機関の依頼を断ることはできなかっただろうと想像できます。いずれにしても、ＡＢＣＣは、日本政府による一九五〇年の全国被爆者調査以前から、広島市、長崎市に大規模な人的ネットワークを作りあげ、被爆者の個人情報を得ていたのです。

ＡＢＣＣを管轄したのは、全米科学アカデミー・学術会議です。軍とつながりのない、学術的な組織という体裁《ていさい》を取ってはいますが、実態はどうだったのでしょうか。

■軍人の働きかけで誕生

ＡＢＣＣ発足への働きかけを最初に行ったのは、アメリカ軍合同調査団を率いたオーターソン大佐です。アメリカ陸軍軍医総監局宛ての書簡で次のように報告しています。

〈案件名〉四六年五月十五日「日本の原爆死傷者の研究継続の必要性」
〈宛　先〉「米陸軍・軍医総監局、ワシントンＤＣ」
〈発信元〉「日本における原爆の効果に関する合同調査団」
一、日本における原爆の効果に関する合同調査は、広島・長崎原爆の爆発によって負傷して生き残った数千人もの日本人の医学用〔Clinical〕・実験用〔Laboratory〕データについて研究し記録してきた。
二、原爆投下直後の影響は衝撃的だが、後遺症研究は医学研究にとってより一層重要であろう。

三、数百万ボルトのX線が瞬時に発する放射線によって腫瘍が発生する現象について、長期にわたって研究するまたとない機会である。火傷《やけど》と同様に、これら発ガンへのX線の影響が最も重要だと信じる理由はいくつもある。

四、このような調査を長期間にわたって適切に進めるため、全米科学アカデミー・学術会議にこの計画立案と監督をするよう要請することが求められる。

陸軍大佐、A・W・オーターソン

四の項目に注目してください。表立って軍が関与すると、「調査を長期間にわたって適切に進める」ことができない。だから、アメリカ軍合同調査団を引き継ぐ機関は、学術的な組織の「全米科学アカデミー・学術会議」に管轄されるべきだと提案しているのです。

次に引用するのは、ジェームズ・フォレスタル海軍長官がトルーマンに宛てた十一月十八日付の書簡です。

一九四六年十一月十八日

親愛なる大統領閣下

科学者グループは広島・長崎で、日本降伏後の最も早く実行できる時期に、原爆が引き起こした被害に関する調査を実施しました。医学者たちは人々への影響を研究しました。これらの調査は、陸海軍の統制下でマンハッタン工兵管区と海軍科学技術使節団によって行われました。

予備調査は、原爆の核分裂による放射線にさらされた、約一万四千人の日本人に関してです。そのグループと、これから確認されるその他の者は、合衆国にとって最も重要である、放射線の医学的・生物学的影響についての研究にかけがえのない機会を提供します。このような研究は、まだ終結すべきでなく時間をかけて継続すべきです。しかしながら、この研究には、陸海軍の軍事の範疇《はんちゅう》を越えて、戦争だけでなく、予測される平時用産業や農業における人道問題一般が含まれています。それに加えて、動員解除およびその結果この研究にたずさわる**軍人科学者を失うことは、研究の継続を阻んでしまいます。**

その研究が彼らの論理的結論に従うべく、全米科学アカデミー・学術会議と医科学部門の協議団はその問題を議論するために会合しました。そのグループは、研究を実行するため大統領命令の考案に向けて適切に行動することを勧告しました。**海軍軍医総監、海軍作戦本部副長官、そして海軍研究所長が同意する勧告**は以下の通りです。

「大統領命令は全米科学アカデミー・学術会議に原爆の人間への生物学的・医学的影響に関する長期的・継続的研究を引き受けるよう勧告すること。この命令において、全米科学アカデミー・学術会議は、政府機関と政府職員、必要とされるであろう民間機関と職員の援助を得る権限を与えられること。さらに、全米科学アカデミー・学術会議によって援助を要請された政府機関は権限を与えられ必要とされる協力を提供することが要請される」

上記をご覧になって、全米科学アカデミー・学術会議にそのように命令されることを謹《つつし》んでお勧めします。

敬具
ジェームズ・フォレスタル

フォレスタルはトルーマンに、「軍人科学者を失うこと」に対する危惧《きぐ》を表明し、「海軍軍医総監、海軍作戦本部副長官、そして海軍研究所長」などの意見を紹介しています。そのうえで、原爆の人体影響を調査する研究組織を作るよう、全米科学アカデミー・学術会議に命令してほしいと大統領に呼びかけているのです。トルーマンは、この書簡の最後に、「承認　ハリー・トルーマン　一九四六年十一月二十六日」と署名し（⇩204ページ）、同日、全米科学アカデミー・学術会議にABCCの設置を命じました。その予算を拠出したのは、マンハッタン計画を引き継いで核兵器開発を担ったアメリカ原子力委員会の生物医学部です。

フォレスタルは、「軍事の範疇を越えて」と述べています。しかし、ABCCからアメリカへ送られる病理標本等の被爆資料はすべて軍医総監局の管理するアメリカ軍病理学研究所が保管しつづけました。ABCC設立の趣旨から考えれば、その被爆資料を、「軍事の範疇を越えて」利

NOV 20 ... AM

DEPARTMENT OF THE NAVY
OFFICE OF THE SECRETARY
WASHINGTON

18 NOV 1946

RECEIVED

The President
The White House

Dear Mr. President:

At the earliest practicable date following the capitulation of Japan, scientific groups effected a survey of damage produced by the atomic bombs on Hiroshima and Nagasaki. Medical scientists studied the effect on personnel. These observations were conducted under the auspices of the Army and Navy through the agencies of the Manhattan District and the Naval Technical Mission in Japan.

Preliminary surveys involve about 14,000 Japanese who were exposed to the radiation of atomic fission. It is considered that the group and others yet to be identified offer a unique opportunity for the study of the medical and biological effects of radiation which is of utmost importance to the United States. Such a study should continue for a span of time as yet undeterminable. However, the study is beyond the scope of military and naval affairs, involving as it does humanity in general, not only in war but in anticipated problems of peaceful industry and agriculture. In addition, demobilisation and consequent loss of military scientific personnel engaged in this study prevent its continuation.

In order that the studies might be followed to their logical conclusion, a conference group of the Division of Medical Sciences, National Research Council, convened to discuss the problem. The group recommended that appropriate action be taken toward the evolution of a Presidential Directive to effect the study. The recommendation with which the Surgeon General of the Navy, the Vice Chief of Naval Operations, and the Chief of Naval Research concur is as follows:

> "That the Presidential Directive instruct the National Academy of Sciences - National Research Council - to undertake a long range, continuing study of the biological and medical effects of the atomic bomb on man. That in this directive the council be authorized to enlist the aid of governmental agencies and personnel, and such civilian agencies and personnel as may be needed. Further, that those governmental agencies whose aid is requested by the council be authorized and requested to provide the needed cooperation."

In view of the above, it is respectfully recommended that the National Academy of Sciences - National Research Council - be so directed.

Sincerely yours,

James Forrestal

Approved
Harry Truman
November 26, 1946

ABCCの設立をトルーマン大統領に要請した、ジェームズ・フォレスタル海軍長官からの書簡＝1946年11月18日（アメリカ軍病理学研究所）

用することは当然許されるべきです。しかし、一般の研究者が、ＡＢＣＣによって収集された被爆者情報を利用することはできませんでした。たとえ学術的な研究目的であっても、です。

ＡＢＣＣ所長グラント・テイラーによる一九五一年四月十二日付の書簡は、アメリカ軍病理学研究所の所長アルバート・デカーシーの要請に応じて、ＡＢＣＣが広島と長崎の死産児や新生児のホルマリン固定標本、死産児のカルテを日本からアメリカに送っていたことを示しています。実際、一九五一年には親が被爆者で死産になった新生児のホルマリン漬けの組織が百七十七件、一九五二年から五三年にかけては死産のカルテが八百十七件、スライドが五千六百七十五件、パラフィンブロックが五十四件、組織が六百七十二件、送られました。さらに一九五五年にはカルテが四百三十三件、スライドが七千三百九十二件、パラフィンブロックが七千三百二十一件。検体の件数は二万件以上です。このような人体標本が、遺族の同意もなく、アメリカ軍の学者の要請によって日本からアメリカへ送られていたのです。

一九六八年から一九七三年にこれらの資料は日本に返還されました（ＡＢＣＣが収集して病理学研究所へ送ったものについては一九六八、六九年にＡＢＣＣへ戻され、アメリカ軍合同調査団が収集したものについては一九七三年に、広島大学、長崎大学へ移された）。その後、今に至るまで、一般の研究者はこれらの資料を利用しにくい状態が続いています。

■核テロ対策に使われる被爆者標本

広島、長崎で集められた被爆資料が、アメリカ軍病理学研究所によって極秘に保管されていた事実は、一九六〇年代に明るみに出ました。これに対して「ABCCからモルモット扱いされた」と感じていた被爆者の批判が高まり、一九七五年、ABCCは再編され、日米共同研究機関「放射線影響研究所」（以下、放影研と表記）として生まれ変わります。

放影研の設立の目的は、「平和目的の下に、放射線の人体に及ぼす医学的影響およびこれによる疾病《しっぺい》を調査研究し、被爆者の健康維持および福祉に貢献するとともに、人類の保健福祉の向上に寄与すること」（放影研ホームページより）とされています。しかし、本当に「平和目的」なのか、疑問を持たざるを得ないような出来事がありました。

二〇〇九年十一月十二日付の記者発表で、アメリカの国立アレルギー感染症研究所は、放影研他、日本の四研究機関、アメリカの五研究機関に対して五年間で九百七十万ドル（約十億ドル）の助成金を支出すると発表しました。被爆者から得た標本を使い、原爆放射線の影響と、被爆者の高齢化に伴う免疫機能の変化についての研究を進めるためでした。

アメリカ国立アレルギー感染症研究所は、二〇〇五年に「放射線・核の脅威への医学対策」につながる研究に助成金を出すことを決め、アメリカ国内外への研究者・研究機関へ助成金の申請を呼びかけていました。放影研はこれを受けて申請したわけです。

長崎原爆被災者協議会や、広島県原爆被害者団体協議会などの被爆者団体が、放影研に対し、この研究計画を白紙撤回するよう要望書を出します。この計画が、核テロ対策のためだったからです。核兵器によって傷つけられた自分たちの体から得た標本や情報を、新たな核兵器の使用を前提とする研究に使われたくないと被爆者たちが考えるのは当然です。

その後、放影研は、『『原爆被爆者における免疫老化とその他の放射線被ばく影響の調査』に関する米国アレルギー感染症研究所と（財）放射線影響研究所との研究契約の締結について」と題する文書を発表します。その中で、「60年以上に及ぶ被爆者の追跡研究に立脚した放影研におけるこの研究は、医学及び人類のために貴重な研究機会となります。放影研の平和目的を考慮して、本契約は、免疫の基礎的研究を目的とするものとし、いかなる放射線医療対策の開発を目的にするものではありません」と記しています。

このように放影研によれば、この研究計画の目的は基礎的研究であり、核テロ対策が目的なのではないかとする被爆者団体の懸念《けねん》は当たらないというわけです。さらに、十月付の「研究契約に関するご説明」という文書によると、アメリカ国立アレルギー感染症研究所は、「放影研の使命とこのような立場を理解した上で、本研究が原爆被爆者の希求する平和目的の免疫基礎研究であることを契約書に付された誓約書において確認しております」とのことです。

たしかに放影研はアメリカ国立アレルギー感染症研究所とそのような誓約書を交わしているの

でしょう。ところが、先に述べたアメリカ国立アレルギー感染症研究所の十一月十二日付記者発表が、放影研の意図を裏切っています。この研究助成を監督するアレルギー・免疫・移植部長のダニエル・ロトロセン医師が「一般人のみならず、ガンの放射線治療を受ける患者、産業上の事故、またテロ攻撃に、有益な価値ある情報を得るでしょう。**この協力関係はアメリカ国立アレルギー感染症研究所の放射線・核攻撃に対する医学的対策開発計画を完全なものにします**」と語っているのです。

担当部署のディレクター自ら、この研究計画が核テロ対策であるとはっきり述べています。学術目的に設立されたはずのＡＢＣＣが軍事とのつながりを批判され、再編されて生まれ変わった放影研もまた、「平和目的」を掲げながら、軍事とのつながりを保ちつづけているわけです。

軍事とのつながりを持つ組織であるＡＢＣＣと放影研によって調査された被爆者のデータが、現在の放射線防護基準の土台になっているのです。

6 一度に一〇〇ミリシーベルト以下の被ばくなら体に影響がないと聞きました。どうして一〇〇ミリシーベルトなのですか？

福島第一原発事故により、原子炉から大量の放射性物質が放出されました。それ以来、福島の人たちを中心に多くの日本人の間に、いったいどれくらい放射線に被ばくする可能性があるのか、どれくらい被ばくすると健康に影響があるのかという疑問と不安が広まっています。

日本政府は当初、「ただちに健康に影響はない」という説明をくり返しました。しかし、「ただちに」影響はなくとも、時間が経てばどうなのか。五年後、十年後、二十年後に何か健康に影響があるのではないか。そういう疑問には答えませんでした。

そんな中、当時、長崎大学医学部の**山下俊一教授が**、**発がんのリスクが上がるのは**、**一度に一〇〇ミリシーベルト以上の被ばくをした場合であると発言**し、注目を集めました（「一度に」というのは「一時間以内に」を意味します）。多くの人は、山下教授の発言から、一〇〇ミリシーベルト以下の被ばくなら気にする必要がないというメッセージを受けとったはずです。

一口にがんと言っても、いろいろな種類のがんがありますが、問題になるのは、死に至るほど重篤《じゅうとく》ながんです。そこで一般には、発がんのリスクではなく、生涯にわたってがんで死亡するリスク（生涯がん死亡リスク）を考えます。このリスクが上がるのは、一〇〇ミリシーベルト以上の被ばくからというのが日本政府の公式見解でもあります。

文科省が二〇一一年十月に刊行した、小中高の生徒向け冊子『放射線等に関する副読本』には次のように記されています。

一度に多量の放射線を受けると人体にがんなどの症状が現れることは分かっているが、子どもも含め一度に100ミリシーベルト以下の放射線を受けた場合に放射線が原因と考えられるがん死亡が増えるという明確な証拠はない。

このように、一〇〇ミリシーベルトの被ばくが、生涯がん死亡リスクを考える際の基準になっているわけです。それでは、この一〇〇ミリシーベルトという数字はいったいどこから出てきたのでしょうか。

結論を述べますと、その起源は、アメリカ原子力委員会、原爆傷害調査委員会（ＡＢＣＣ）とその後継機関である放射線影響研究所（放影研）による広島、長崎の調査にあります。

放影研は、「放影研における原爆被爆者の調査で明らかになったこと」と題する資料の中で、次のように述べています。

放影研における原爆被爆者の疫学調査から明らかになった放射線の長期的な健康影響は、30歳で1シーベルト（1000ミリシーベルトあるいは100万マイクロシーベルト）の放射線に被曝した場合、男女平均して70歳で固形がん（白血病以外の普通の意味でのがん全体を指します）により死亡する頻度が約1・5倍に増加するということです。このリスクは100－200ミリシーベルトと以上では放射線の被曝線量に正比例していますが、それ以下ではどういう関係になっているかは分かっていません。

「100－200ミリシーベルト以上では放射線の被曝線量に正比例」しているというので、ここでは、もし被ばく線量100ミリシーベルトの場合は、生涯がん死亡リスクは一・〇五倍に増加することになります。

一・〇五倍（百人に対して五人）を多いとみるか、少ないとみるかは人それぞれです。しかし、アメリカ原子力委員会、ABCC、放影研がどのような調査を行ってきたか、その歴史をふり返れば、この数字を額面通り受けとることはできなくなるはずです。以下、その歴史をお話ししましょう。

広島、長崎の被爆者に対する放射能の影響は、二つの指標によって評価されます。一つは、どれくらい被ばくしたか。もう一つは、被爆者がどのような健康被害を受けたかです。

一つめの指標は、線量推定システムと呼ばれます。原爆が炸裂したとき、もし広島や長崎の人たちが、現代の原発作業員が身につけている、線量計やフィルムバッジをもっていれば、誰がどのくらい被ばくしたか記録できたはずです。もちろん、そんなものを身につけている人は誰もいませんでした。そこで、どこでどの程度被ばくするか推定するための仕組みが必要になります。それが、線量推定システムです。

この線量推定システムと、被爆者に対する健康調査という二つの指標が組み合わされて、「被爆時、爆心地から何キロメートルにいたAさんは何ミリシーベルト被ばくしたので、生涯がん死亡リスクや白血病リスクなどが何％増える」というような言い方が可能になるわけです。

現在、国際放射線防護委員会（ＩＣＲＰ）が、一般公衆の年間被ばく線量の限度はこれくらいにしておくべしという基準値を勧告して、各国は基本的にそれに従っています。**ＩＣＲＰという組織が、基準値を決めるうえで根拠にしているのが、線量推定システムと、それに基づく、広島、長崎の被爆者の健康調査**なのです。

■着手された残留放射能調査

これまでアメリカ原子力委員会、ＡＢＣＣ、放影研などが一体となって、線量推定システムを作り上げ、被爆者の健康調査を行ってきました。二つの指標それぞれに根深い問題があるのですが、まず被爆者の健康調査を取り上げましょう。

ＡＢＣＣが大規模な被爆者調査に乗り出すのは、一九五五年以降です。寿命調査（ＬＳＳ）と呼ばれるものですが、この調査がはじまる以前のＡＢＣＣの状況について述べておきます。一九五〇年代前半、ＡＢＣＣは組織存続の危機に立っていました。というのも、アメリカ本国からＡＢＣＣは大した成果を上げていないと見られていたからです。

ＡＢＣＣが、原爆症についてはじめて調査結果を発表したのは、占領期が終わりに近づいた一九五一年十二月十日です。発表要旨には、「放射能が白血病発生原因をなすことも認められる」「現在までの記録でいえることは被爆当時の影響は永久的で母体一体を通じ感度の差違はあっても出生児全部に影響を持つということができる」とあります。実際、一九四七〜五〇年にかけて、広島市では白血病患者の数が、戦前に比べ三倍に増えていました。それまでＡＢＣＣは放射能の影響を認めず、占領軍はプレスコードによって、原爆に関するネガティブな情報を徹底的に押さえ込んでいました。その意味で、占領終結ギリギリのタイミングとはいえ、ＡＢＣＣが被ばくによる白血病と遺伝子への影響を認めたのは画期的です。一九五二年一月三十日には、アメリカ原子力委員会が議会にＡＢＣＣの研究成果に基づいて、被ばくした母親には男児の出生率の低下が見られること、また爆心から二キロ以内の被爆者には白血病患者が見られたことを報告しています。こうしてＡＢＣＣはアメリカ議会に何とか存在意義を示すことができたのです（といっても、調査の仕方や分析の仕方に問題がないわけではありません。詳しくは後で述べます）。

その後ＡＢＣＣの研究者たちはそれぞれ独自の研究計画を立て、調査を進めていました。

そんな研究計画の中に、ＭＥ－81と呼ばれる残留放射能に関する調査があります。ＡＢＣＣの遺伝学者ダンカン・マクドナルドが、ＡＢＣＣ所長グラント・テイラーと遺伝部のアール・レイノルズ博士に宛てた書簡「残留放射線による影響と推定される症例調査」（一九五二年七月十四日付）には、「原爆投下時には市内におらず、そのすぐ後に市内に入り、ある程度の期間残った人々についての情報を得る必要がある」とあり、いわゆる入市被爆者を対象に、残留放射能の影響を調べようとしたことがうかがえます。

ここまで何度も強調してきたように、残留放射能の影響は、終戦後間もなくファーレル声明によって否定されました。以後、一貫して、占領軍や、アメリカの原子力委員会などが認めてきた放射能の影響は、初期放射線によるものだけで、残留放射能の影響はないか、あったとしてもとるにたらないものとされていたのです（アメリカ原子力委員会生物医学部長シールズ・ウォレンは一九五〇年三月十八日付「ニューヨーク・タイムズ」で広島・長崎の被爆者は「無理なく通常の生活」を送っていると述べています）。

ところが、こういう見方を突き崩しかねない調査が、ＡＢＣＣの研究者の手によってなされようとしていました。この調査の責任者は、遺伝部に属する、ある日本人博士でした。彼は、広島県内のすべての市町村長、消防隊長、そして医者にアンケートを送ります。原爆投下後、救助活動のために市内に入った人々に焦点を当てたのです。

この日本人医師がテイラー所長に宛てた書簡によれば、アンケートを送った三百三十七人のうち二百四十三人から返事が来て、そのうち百二十六人が、放射線による症状があると訴えたとのことです。さらに書簡には、深刻な症状を訴えた三十九人が直接調査されたこと、そのうち九人について、ABCCが身体検査、血液と便の検査を詳細に行ったことなどが記されています。

私は、この書簡の中で、「放射線病を引き起こすのに充分な残留放射線があったとするなら、その事実を証明するのには、よく記録された症例がほんの少しだけあればよい」と述べられている部分に注目しています。この時点ですでに、残留放射能の影響を証明するのに十分な症例が集まっていた可能性があるからです。しかし、一九五二年にはじまったME－81計画は、一九五三年には打ち切られてしまいました。

■ウッドベリーの提案

その経緯について、一九五〇年代後半にABCC生物統計部長などを務めたローウェル・A・ウッドベリーがABCCに提出した報告書の中で、短く記しています。「一九五二年十二月、（ME－81　残留放射線の影響）計画の実施を承認した。原爆にはさらされていないが、原爆爆発時から十日以内に市内に入った四百三十九人のリストが収集された。（略）他の仕事の緊急性と調査員の不足があったため、この計画は実際には実施されなかった」。

ME－81計画は承認されたのに、実施されなかったのです。ウッドベリーはこの書簡の中で、自ら聞き取り調査したある女性の例を紹介しています。この女性は広島に原爆が投下されたとき、爆心地から約五キロ離れた場所にいました。爆風や熱線による火傷《やけど》も、ケガもしなかった女性は、翌日から約一週間、父親を探して市内中を歩き回りました。放射性降下物による雨、いわゆる「黒い雨」が降った場所も何度か通っています。その後、咽頭に傷を負い、頭髪の三分の一が脱毛します。放射線被ばくに付随して起こる徴候や症状が出たのです。

二〇一二年八月六日に放送されたNHKスペシャル「黒い雨　活かされなかった被爆者調査」には、この女性本人が登場し、当時の状況を説明しました。それによると、彼女はABCCに事務員として務めていたときにウッドベリーの調査を受けたそうです。しかも、ウッドベリー以外のABCCの研究者は誰も、脱毛などの放射線急性症状について話しても相手にしなかったとして、次のように証言しています。「怒ったように言われましたね。絶対にありえないと。そういうのは、二次被ばくというのは、絶対にありえないからと断言されました。矛盾しているなぁと思ったんですけど。本当に体験して……私も体験して、他の人も体験した人をたくさん知っていましたからね。なぜそれは違うのかなぁって思って、不思議で仕方なかったんですけど」。

一九五〇年代後半、残留放射能の影響について興味を持っていたウッドベリーは、ABCCの中の少数派だったのでしょう。

ウッドベリーは報告書の中で、さらに興味深い指摘をしています。その要約は以下の通りです。

現在入手できる客観的証拠では原爆投下後の残留放射線は無視でき、したがって深刻な被害や放射線症や徴候を引き起こす可能性はないことを示している。それにもかかわらず、原爆投下時に少し、あるいは全く放射線を浴びていない何人もの人々が放射線に起因するような徴候と症状を起こしている。

その原因として、ウッドベリーは二つの可能性を挙げています。

一、黒い雨は、極端に繊細な個人に放射線による徴候や症状を引き起こすのに充分な放射性物質の堆積を残したが、この堆積は九月の雨や台風によってほとんど洗い流された。
二、残留放射線は計測された通りであり、徴候や症状は原爆投下後に衛生状態の悪化の結果として現れた病気によるものである。

この中にある「九月の雨や台風」とは、一九四五年九月十六、十七日の枕崎台風のことで、これにより川があふれ、爆心地を含む広い地域が水浸《びた》しになりました。ウッドベリーはこの台風によって、放射性物質の堆積が洗い流された可能性があると指摘しているのです。マンハッタン計画の医学部長スタッフォード・ウォレン大佐を団長とする調査団が広島の残留放射能の調査を行ったのはこの後で、「爆発後、有害な程度の残存放射線は存在しない」と結論づけました。

ウッドベリーは、被爆者に放射線症を引き起こす程度の放射性物質が実際はあったにもかかわらず「台風で洗い流されたために存在しないように見えたのか」と、従来言われていたように、放射線症と見える症状は「衛生状態の悪化の結果なのか」を検討し、「この二つの説明のどちらが本当かどうかについては、これまで行われてきたよりも詳細な調査を要する問題なのである」と記しています。しかしその後（今に至るまで）、ウッドベリーが望んだ形で、ＡＢＣＣが、残留放射能の影響を調べることはありませんでした。報告書には、こんな一文があります。「この問題はほとんど関心がもたれていない。私が思うに、何度も何度も研究の対象として蘇《よみがえ》っては、何ら看《み》取られることなく静かに葬り去られているのだ」（前出ＮＨＫ番組「黒い雨」）。

■敵視された調査報告

ウッドベリーが残留放射能の影響に興味を持ったきっかけは、報告書を記す前年、一九五四年三月に起こったビキニ水爆事件と思われます。実際、彼は「最近日本の漁師が水爆実験の死の灰で被ばくするという不幸な事件が起きた。今、広島・長崎の残留放射線に対する関心は再び高まっている。この問題はより詳細な調査を必要としている」と書いています（ビキニ水爆事件についてはＱ＆Ａ⑧で詳しく述べます）。

しかし、こういう見方は、ＡＢＣＣに予算を提供し、アメリカの核開発を担う原子力委員会にとっては都合の悪いものだったはずです。一九五五年十二月二十日にアメリカ原子力委員会生物医学部長のチャールズ・Ｌ・ダナムがＡＢＣＣの管轄機関である全米科学アカデミーのデルタ・Ｗ・ブロンクに宛てた書簡にある次の記述を読むと、ウッドベリーの報告が敵視された理由をうかがい知ることができます。

長崎や広島から広がる放射線の人体影響についての誤解を招くような、また不健全な報告を最小限にすることを確かにする必要がある。

つまり、ウッドベリーの報告は「誤解を招くような、不健全な報告」として、「抑え込まなければならない」対象とみなされた可能性があるのです。

アメリカが撤退したら、その空間は何かによって満たされるだろう。その何かとは、時に共産主義者によって好まれるような、何か悪いものである。とりわけ広島の場合がそうであろう。その場合、世界の科学共同体もアメリカも敗者となってしまう。

残留放射能の影響が表に出るとソ連を利することになってまずいとダナムは考えていたのです。

■統合研究計画

アメリカ原子力委員会の幹部ダナムが、こういう考えを示していた頃、ＡＢＣＣの調査体制は一新されます。

ＡＢＣＣの新しい調査プログラム「統合研究計画」は、一九五五年十月に招集されたフランシス委員会（ミシガン大学疫学教授トーマス・フランシス・ジュニアを委員長とした）が出した勧告に従って決められました。ＡＢＣＣの後身である放影研のホームページにフランシス委員会の説明があります。

ＡＢＣＣの臨床調査は明確な目標なしに開始され、その結果、研究者はそれぞれ独自の研究計画を立案していました。米国からの医師の赴任期間は、2、3の例外を除いて2年間であり、各々独自の研究構想を持っていたので、観察調査の計画はたびたび変更され、特定の集団を設定するという考えは定着しませんでした。

「統合研究計画」を進める前の、「研究者はそれぞれ独自の研究計画を立案して」いた状況がここで説明されています。だからこそ、統合研究計画が立てられたわけですが、その裏で、Ｍ

E－81計画やウッドベリーの企図《きと》した残留放射能の影響調査などの「独自の研究計画」が切り捨てられたのです。ABCCの研究者の間でいろいろな意見や感情があったことは予測できます。しかし、先に述べたように、ABCCが広島、長崎の被爆者から得たすべての資料はアメリカ軍病理学研究所に送られ、軍によって管理されていました。被爆者に実際に接して、「こういう研究の必要性があるんじゃないか」と気づいた研究者がいたとしても、軍の意向、あるいは核開発を担《にな》う原子力委員会の意向に反する研究には予算をつけてもらえなかったと考えられます。

■寿命調査（LSS）

ABCCは、統合研究計画に一丸となって取り組む組織に生まれ変わりました。こうしてはじまったのが、LSSと呼ばれる、「寿命調査（Life Span Study）」です。LSSでは、広島、長崎に住む人（被爆者、非被爆者）から調査対象が固定されました。固定されるとは、「いったんこの人を調べると決めたら、その人が死ぬまで調査が続けられる」という意味です。

放影研の説明を見てみましょう。

寿命調査（LSS）は、疫学（集団および症例対照）調査に基づいて生涯にわたる健康影響を調査する研究プログラムで、原爆放射線が死因やがん発生に与える長期的影響の調査を主な目的としています。１９５０年の国勢調査で広島・長崎に住んでいたことが確認された人の中から選ばれた約９４、０００人の被爆者と、約２７、０００人の非被爆者から成る約12万人の対象者を、その時点から追跡調査しています（放影研ホームページ「用語集　寿命調査」より）。

十二万人が対象ですから、非常に大規模な調査であることはまちがいありません。このＬＳＳが、現在、国際的な放射線防護基準を決める根拠となっているのです（もう一つの根拠が後で述べる線量推定システム）。統合研究計画がはじまる二年前には、アメリカのアイゼンハワー大統領の有名な「原子力平和利用」宣言が出されました。これを機に、アメリカの産業界は、原子力の商業的利用に乗り出します。特に大きな成長分野として期待されたのは原子力発電（原発）です。これから原発を売り出そうとする企業の経営者たちの頭を悩ませたのが、原発労働者の被ばく線量をどうするかという問題でした。

また、一九五一年以来、ネバダ州でつづけられていた核実験、一九五四年のビキニ水爆事件に対する批判の声が高まっているのも同じ頃でした。原発労働者や核施設で働く労働者だけでなく、一般の人々の間でも、被ばく線量の問題がクローズアップされていました。したがって、こういう状況下ではじまったＡＢＣＣのＬＳＳには、元々、国際的な放射線防護基準を決める基礎的なデータを提供する目的があったと考えることもできます。

■LSSの問題点

しかし、LSSが深刻な問題を含んでいることは、科学技術史家の中川保雄や物理学者の澤田昭二をはじめ、多くの被ばく問題研究者によって指摘されてきました。ここでは典型的な問題を二つあげます。

一点目は、**原爆投下時から一九五〇年十月一日までに、放射線被ばくによって亡くなった被爆者がまるごと無視されていること。**

中川保雄は、これに関する問題点を次のように指摘しています。

〔LSSの〕調査期間を一九五〇年一〇月一日以降としたことから、つぎのような問題が生まれた。第一にアメリカ軍合同調査委員会とABCCは放射線による急性死は原爆投下後ほぼ四〇日ほどで終息したと評価したが、それ以後もおよそ三カ月間引き継いだ急性死がそこでは切り捨てられている。(略)第二に急性死と急性障害の時期を生き抜いたとしても、放射線被爆《ママ》による骨髄の損傷が完全に回復することはない。骨髄中の幹細胞の減少によるリンパ球、白血球の減少は避けられない。(略)また、骨髄中の幹細胞に残された障害による突然変異に起因して、晩発《ばんぱつ》的影響である白血病、再生不良性貧血や血液・造血系の疾患が発生する。このように、感染症等にかかって死亡する被爆者が一九五〇年以前には多数存在したと考えられるが、ＡＢＣＣの調査にはそれらの死亡は全く考慮に入れられていないのである（『放射線被曝の歴史』）。

放射線被ばくの影響を強く受けた人、あるいは被ばく線量そのものは小さくても放射線に強い感受性を持つ人が、早期に重い症状を呈し、死亡に至った可能性は、当然考えなければならないはずです。それなのに、一九五〇年十月一日以前に亡くなっていたため、放射線被ばくに影響を考えるうえでもっとも重要な人たちが調査から除外されました。なんと皮肉なことでしょうか。生き残った人の間で比較しても、顕著な差は出にくいのです。

二点目は、**被爆者同士を比較していること**。疫学調査で大事なのは、正しいコントロール（対照）を設定することです。放射線被ばくの影響を明らかにしたいのであれば、被ばくした人と、全く被ばくしていない人からなるコントロール群とを比較しなければなりません。ところが、ＡＢＣＣとその後身の放影研は、被爆者同士を比較するという過ちを犯し続けているのです。

ＡＢＣＣは一九六二年に寿命調査の最初の報告書を出しています（「原子爆弾被爆生存者の寿命調査　第一報」）。放影研のホームページに掲載されている第一報の要約によると、

非被爆者の死亡率は被爆者あるいは日本全国の平均と比較して異常に低いことが注目された。

このことは、非被爆者が少なくとも今回の調査期間では対照として不適当であることを意味している。非被爆者群では特に結核および癌の死亡者が少ない。非被爆者は明白に、あるいは潜在的に医学的選択を受けていることが今回の資料からうかがえる。また少なくとも癌で観察した、観察期間後期の差は、前期に比較してはるかに重要性が少ないように思われた。したがって、今回の報告では放射線の影響を検討するにあたって、**非被爆者は考慮せず異なった距離の被爆者間の比較をすることとした。**

「異なった距離の被爆者の比較」とは、近距離被爆者と遠距離被爆者を比較したということです。近距離被爆者とは、爆心地から二・五キロメートル以内で被ばくした人、遠距離被爆者とは二・五〜一〇キロメートルの範囲で被ばくした人のことです。近距離被爆者と遠距離被爆者を比較すると、結果的に、遠距離被爆者に対する影響は無視されることになります。

ＡＢＣＣ・放影研は二〇一二年までにＬＳＳを第十四報まで公表していますが、近距離被爆者と遠距離被爆者を比較する過ちを犯しつづけています（正確には、一九九〇年頃から、遠距離被爆者も、それまでの近距離被爆者の区分に組み入れていますが、統計処理上、実質的にそれ以前と同じように被爆者同士を比較しつづけています。170ページで触れた澤田昭二が、これについて「放影研の『黒い雨』に関する見解を批判する」で詳しく解説しています。

■初期放射線しか考慮しない線量推定システム

次に、線量推定システムについて考えてみましょう。ここでも、まずは放影研の説明を参照してみましょう。

個人の被曝線量を推定するシステムとしては、1957年にT57Dという名称で暫定的な推定方式が発表されたのが最初です。T57Dはその後改良されT65Dとなりました。これら二つの暫定システムは、核爆発の実測値に基づく推定式でした（「放射線影響研究所用語集」より）

ここにあるように、線量推定システムはアメリカの核実験に由来しています。一九五一年以来、アメリカはネバダ州で核実験を繰り返し行っていましたが、そのデータをもとに作られたのがT57D（1957年暫定線量）です（T57Dができるまでは、大ざっぱな推定値しかありませんでした）。ただし、LSSに適用された最初の線量推定システムはT57Dではなく、それを改良したT65Dでした。T65Dを策定するに際して、アメリカは、わざわざ日本から木造家屋をネバダに運んで、実験を行います。原爆による被ばくは単に爆心地からの距離だけで決まるわけではありません。原爆投下の瞬間、外出中に浴びたのか、建物の中で浴びたのかによって大きく変わります。そこで、日本の典型的な建築様式である木造家屋を使って、どれくらい放射線を遮蔽《しゃへい》する効果があるか調べようとしたわけです。この実験は、「イチバン計画」と呼ばれ、一九五七年から本格的にはじまりました。

先に紹介したＡＢＣＣの生物統計部長ウッドベリーは、イチバン計画の開始にあたって、残留放射能の影響は考慮しないのかと問いあわせ、研究資料も送りました。しかし、彼の提案はここでも無視されます。この実験に携わった科学者の証言によると、当時のアメリカ原子力委員会委員長が、実験についてマスコミに漏らしたら「殺す」と言っていたそうです。このように極秘裏に行われた、言い換えれば、透明性の低い実験をもとに作られたのがＴ65Ｄなのです。

Ｔ65Ｄは長く権威ある線量推定システムとして利用されてきましたが、一九七〇年代に致命的な欠陥が見つかり、一九八六年にＤＳ86という線量推定システムに取って代わられます。さらに二〇〇二年にＤＳ02と呼ばれる改良版が出されて今に至ります。

線量と一口に言っても、Ｔ57ＤからＤＳ02まで扱っているのは基本的には初期放射線の線量のみで、残留放射能による線量は無視されています。その事情について、『放射線影響研究所　要覧』(二〇一四年七月)は、次のように説明しています。

「残留放射線」の推定に必要な情報の入手はほとんど不可能に近いことから、線量評価システムでは初期放射線による個人別・臓器別被曝線量だけを推定している。

測定する手段がない。それが残留放射能が無視される理由の一つです。もうひとつの理由として、放影研が挙げるのは、残留放射能の影響はとるにたらないということです。しかし、問題なのは放影研が、残留放射能についても、初期放射線と同じように、「個人別・臓器別被曝線量だけを推定している」点です。すでに述べた内部被ばくの影響の仕方を思い出してください。初期放射線（ガンマ線や中性子線）のような外部被ばくと違って、残留放射能による内部被ばくは、体内の細胞レベルに効いてきます。それなのに放影研は、「個人別・臓器別被曝線量だけを推定」するのです。これは、人体レベルや臓器レベルで、線量を均《なら》してしまうことを意味します。人体にせよ、臓器にせよ、細胞一個よりはるかに大きいことは言うまでもありません。放影研は、本来、細胞レベルで考えなければならない内部被ばくの影響を、人体レベル、臓器レベルで考えることで、小さく見せているのです。

■福島第一原発の被災の評価には役立たない

ここまで、現在の国際的な放射線防護基準の基礎となる、広島、長崎の被爆者の健康調査（LSS）と、線量推定システムという二つの指標の問題について見てきました。

二つの指標それぞれで、被ばくの影響が過小評価されています。こういう何重にも積み重ねられた過小評価のうえに、放影研や日本政府による、「一〇〇ミリシーベルト以下では生涯がん死亡リスクは不明（危険とは言えない）」という説が作り上げられているわけです。

新しい線量推定システムＤＳ02では、爆心から二キロメートルでおよそ一〇〇ミリシーベルト、二・五キロメートルでおよそ五ミリシーベルトの被ばく線量とされます。したがって、「一〇〇ミリシーベルト以下では生涯がん死亡リスクは不明（危険とは言えない）」というのは、「広島、長崎の原爆を二キロ離れたあたりで受ける線量なら生涯がん死亡リスクは不明」と言っていることに等しいわけです。しかし、ここまで見てきたように、ＡＢＣＣも放影研も、リスクを評価するにあたって、初期放射線しか考慮していません。福島第一原発事故のように、残留放射能と本質的に同じである放射性降下物の影響が問題になる場合には、放影研のデータは役に立たないのです。

❼ 国際原子力ムラとは何ですか？

国際原子力ムラとは、ひと言で言えば、原発と核兵器を推進する利益団体のことです。それがどう作られているかがよくわかる協定があります。国際原子力機関（IAEA）と、国際保健機関（WHO）が一九五九年五月に結んだ「IAEAとWHOとの間の合意書」です。第一条を引用します。

第一条　協力と協議

一　IAEAとWHOとは、国際連合憲章が立てた一般的枠組みの中で、それぞれの組織の憲章の条項が定義する目的を実現しやすくするために、緊密な連携のもとに行動し、共通利害に関わる問題については定期的に協議することとする。

二　（略）WHOは、IAEAが、平和利用のための原子力エネルギーの研究および開発と実用とを、全世界で鼓舞《こぶ》し、援助し、組織する権利は損なわれないものとする。

三　一方が他方にとって多大な関心事である分野での、計画または活動を企《くわだ》てようとするたびごとに、前者は後者に諮《はか》り、共通の合意において問題を処理するものとする。

特に重要なのは、三です。この条項によって、WHOはIAEAの意に沿わない研究報告は発表できません。本来、原子力を推進する機関（IAEA）と、健康問題を扱う機関（WHO）には、別のポリシーがあるはずです。ところが、この取り決めによって、原子力推進の下に、健康問題が組み敷かれることになったわけです。

科学技術史家の中川保雄は『放射線被曝の歴史』で、一九五八年八月末、ICRPのロルフ・マキシミリアン・シーベルト議長が個人的に招集した会議が、スイスで開催されたことを紹介しています。その参加者は、国際放射線防護委員会（ICRP）、国際放射線単位委員会、国際放射線会議、国連科学委員会、IAEA、ユネスコ、WHO、国際労働機関、食糧農業機構、国際科学連合会議、国際標準組織の代表者です。これらが、国際原子力ムラを構成するメンバーと言っていいでしょう。中川は、この会議によって、「原子力開発の推進を前提とした放射線被曝問題に関する国際的協調体制」が構築されたと指摘しています。この会議の翌年に、IAEAとWHOの協定が結ばれたのです。これらの組織が、核兵器を保有する国家にとって有利な「科学的知見」を提供してきたわけです。

この「科学的知見」に基づく放射線防護体制とは、「防護」と言いながら、一人一人の人間を守る体制ではなく、国際原子力ムラを守る体制でした。

もし本当に科学的に正しい知見であるなら、現実に起こった出来事をきちんと説明できるはずです。科学的な仮説の真偽は、現象をどれだけ正確に、再現性高く説明できるかによって決まります。このプロセスに、組織の利害が入り込む余地はありません。この科学の大原則に従えば、「一方が他方にとって多大な関心事である分野での、計画または活動を企てようとするたびごとに、前者は後者に諮り、共通の合意において問題を処理する」という取り決めのもとに運営される組織の出す、「科学的知見」に価値はないと言わざるを得ません。

■LSSの説明能力

この科学的知見に「根拠」を提供しているのが、Q&A⑥で見た、「被爆者同士を比較する」「残留放射能を軽視する」という欠陥を抱えた寿命調査（LSS）です。そこで、LSSにどれだけ現実の説明能力があるか見てみましょう。

広島、長崎の被爆者のうち、国から原爆症の認定を受けられなかった人たちの一部は、それを不服として全国各地で国を相手に提訴しました。今までのところ、ほぼすべての裁判で、原告が勝訴しています。二〇一五年十月二十九日、東京地裁判決では、訴えを起こした十七人の被爆者全員を原爆症と認め、国による原爆症認定申請の却下処分を取り消しました。判決理由では「原爆放射線による被曝を検討するに当たっては、初期放射線に加えて、放射性降下物や誘導放射線、更に内部被曝といった残留放射線の影響も十分に考慮しなければならないし、若年被爆者にみられるように、放射線に対する感受性には個人差があり、このような感受性の差異によって、同一線量の放射線においても、被曝の影響が生じる場合と生じない場合があるのも事実であって、必ずしも、爆心地から同心円状に被曝の影響が徐々に減衰していくものということはできない」と書かれています。

ＬＳＳは司法によってすでに何度も現実の被害を説明できていないと指摘されてきたのです。それにもかかわらず、放影研はＬＳＳを見直そうとはしません。

ＬＳＳや、ＬＳＳをもとにするＩＣＲＰが示す放射線のリスク論で説明できないのは、広島、長崎の被爆者に対する被ばくの影響だけではありません。よく知られているのは、アメリカの核兵器製造施設ハンフォードで働く労働者の被害です。一九七六年にアメリカの公衆衛生の専門家トーマス・マンキューソが発表したところによれば、ハンフォード核施設の労働者二万八千人の調査から得られた放射線のリスクは、ＩＣＲＰが示すリスクの十倍でした。核施設の労働者は、広島、長崎の被爆者と違って、被ばく線量を測定するフィルムバッジを身につけて働いているので、誰がいつどれくらい被ばくしたか、後からある程度は正確に把握できます。ＬＳＳのように、Ｔ65ＤとかＤＳ86といったような線量推定システムに頼らずとも、個人の被ばく線量がわかるのです。マンキューソがどうしてその貴重なデータにアクセスできたかと言えば、元々、彼の研究はアメリカ原子力委員会の委託ではじまったからです。途中で、原子力委員会の思惑と外れる研究結果を出そうとしていることが露見して研究費を打ち切られてしまいます。それでも彼は研究をつづけ、衝撃的な結果を発表したわけです。しかし、マンキューソの報告を、ＩＣＲＰは無視したままです。

■福島で増加する小児甲状腺がん

チェルノブイリ原発事故における被ばくの影響もやはりＩＣＲＰが示すリスクでは説明できません。一九八六年四月、チェルノブイリ原発で炉心溶融《ようゆう》と爆発が起き、大量の放射性物質がウクライナ、ベラルーシ、ロシアをはじめ、ヨーロッパを広範に汚染しました。原発近くの住民はもちろん、三百キロ離れた地域の住民でも避難しなければならないほどでした。事故後、周辺地域の住民にさまざまな健康障害が見られましたが、中でも目立って増えたのが、小児甲状腺がんです。被ばくによる健康影響をなかなか認めない国際原子力機関（ＩＡＥＡ）や、ＩＣＲＰですら、小児甲状腺がんの増加だけは、チェルノブイリ原発事故を原因として認めています。元々、まれにしか見られない小児甲状腺がんが、事故後、急増した後、減少に転じたため、これを事故によると認めないわけにはいかなかったのです。

ＩＡＥＡやＩＣＲＰが、チェルノブイリ原発事故による健康被害に関する見解の根拠にしているのは、国際保健機関（WHO）が二〇〇六年に発表した論文です（WHO report on Health Effects of the Chernobyl Accident and Special Health Care Programmes）。このレポート自体、LSSと同じように、調査対象の範囲の選び方や分析の仕方で、放射線のリスクを過小評価していると言われています。しかし、そんなWHO論文で示された小児甲状腺がんのリスクよりも、LSSから推定される小児甲状腺がんのリスクは五～十倍過小評価されているという指摘があります（牧野淳一郎『被曝評価と科学的方法』岩波科学ライブラリー）。

WHO論文は、小児甲状腺がん以外についても、事故による放射能汚染地域で、内分泌系、造血系、循環器系、消化器系の疾病《しっぺい》が増加していることを認めています。ところが、LSSの結果と合わないとして、これらの疾病の原因を、喫煙、飲酒、ストレスなどに求めているのです。**いかにLSSが絶対視されているか**がよくわかります。

二〇一五年十月七日、岡山大学の津田敏秀教授らの論文が医学雑誌『エピデミオロジー』（国際環境疫学会）オンライン版に掲載されましたが、その論文は、福島の小児甲状腺がんの発症率が日本の平均と比べ、高い地域で五十倍、低い地域でも二十倍に上るとする衝撃的な内容でした。津田教授は、「結論としては、福島県内において放射線の影響による著しい甲状腺がんの多発が起こっている。チェルノブイリにおいて四年以内に観察された甲状腺がんの多発と同じような状況だ。チェルノブイリで五年目以降に観察された、大きな多発がこれから（福島で）起こることは避けがたい」と指摘しています（二〇一五年一〇月八日、日本外国特派員協会での記者会見での発言)。これまで福島県や福島県立医科大学は、福島県内における小児甲状腺がんの症例の検出数増加について、「スクリーニング効果」で説明してきました。つまり、症状のない人まで精密検査したからたくさん見つかったというのです。しかし、これについて津田教授は、スクリーニング効果で増えるのはせいぜい二～七倍と批判しています。

津田教授らの警告の通り、福島県で小児甲状腺がんが今後チェルノブイリ並みに急増しても、もしICRP、IAEA、あるいは日本政府がLSSを絶対視したままなら、ある一定数以上の小児甲状腺がんの原因は「被ばくが原因とはいえない」などと言うことは容易に想像できます。小児甲状腺がん以外の疾病についても同じ事態が起こるでしょう。

■IAEA報告書

二〇一二年十二月には、福島県郡山市で、日本政府主催、IAEA共催による「原子力安全に関する福島閣僚会議」が開催され、IAEA参加国の代表が各国から集まりました。会議では、IAEAと福島県との間に、「放射線モニタリング及び除染の分野における協力に関する福島県と国際原子力機関との間の実施取決め」、IAEAと福島県立医大との間に「人の健康の分野における協力に関する福島県立医科大学とIAEAとの間の実施取り決め」なる覚書が交わされました。

これらの覚書には、「両当事者は、他方の当事者によって秘密として指定された情報の秘密性を確保する」（八条）、「両当事者は、IAEA憲章上の任務（特に、IAEA加盟国間の情報の交換の促進）を尊重しつつ、適当な場合かつ必要に応じ、知的財産及び知的財産権に関連する事項（略）について相互に協議する」など、IAEAとWHOの間に結ばれた協定（WHOはIAEAに相談なしに独自の見解を出せない取り決め）にも似た条項が含まれています。

IAEAは、二〇一五年八月末、福島第一原発事故に関する最終報告書を発表しました。その中で、甲状腺がんについて、こう述べています。

本報告書作成時点で、子供の甲状腺の集中的なスクリーニングが調査の一環として行われている。感度が高い装置が使用されており、調査を受けた子供のうちの相当数で無症候性の（臨床的手段によっては検出できない）甲状腺異常を検知している。調査で特定された異常が事故による放射線被ばくと関連づけられる可能性は低く、この年齢の子供における甲状腺異常の自然な発生を示している可能性が最も高い。

福島県の調査で甲状腺がんの検出数が増えている状況を、スクリーニング効果で説明しようとしているのです。そのうえで、「本件事故に起因する報告された甲状腺線量は一般的に低く、事故に起因する子供の甲状腺がんの増加は可能性が低い」という見解を述べています。ここで思い出さなければならないのは、IAEAがチェルノブイリ事故後、甲状腺がんが急増したにもかかわらず、それを放射能の影響によるものと認めたのは事故から十年後の一九九六年だったということです（ただし甲状腺がんしか認めなかったのですが）。

■IAEAの助言に従って避難指示解除

日本政府は、二〇一四年十二月までに、福島県の「特定避難勧奨地域」（原子力災害対策本部が、事故発生後一年間の積算線量が二〇ミリシーベルトを超えると推定した区域で、その住民のうち、妊婦や子どものいる家庭に対して避難を支援する措置が取られた）の指定を解除しました。除染活動によって、今後二〇ミリシーベルト以下になる見込みが立ったというのが、解除の理由です。しかし、当初、国は住民一人当たりの年間被ばく線量一ミリシーベルトを避難指示解除の基準としていました。事故前まで一般公衆の年間被ばく線量は一ミリシーベルトとされていたので、当然の対応です。それが二〇ミリシーベルトに引き上げられたのです。

ちなみに一九七六年に定められた、放射線被ばくによる白血病の労災認定基準には、被ばく線量が年間五ミリシーベルト以上であることが要件の一つに含まれています。避難支援を打ち切り、年間二〇ミリシーベルトに達する可能性のある場所へ帰還を促すのは非人道的と言わざるを得ません。

避難指示解除の基準が年間一ミリシーベルトから二〇ミリシーベルトへ大幅に緩和された背景に、IAEAが二〇一三年十月に日本の環境省に提出した「東京電力福島第一原発事故に伴う除染の状況の検証結果の報告書」の存在があります。その中に、次のような助言が述べられています。

除染を実施している状況において、年間1～20ミリシーベルトという範囲内のいかなるレベルの個人放射線量も許容しうるものであり、国際基準および関連する国際組織、例えば、ICRP、IAEA、UNSCEAR及びWHOの勧告等に整合したものであるということについて、コミュニケーションの取組を強化することが日本の諸機関に推奨される。（略）政府は、人々に年間1ミリシーベルトの追加個人線量が長期の目標であり、例えば除染活動のみによって、短期間に達成しうるものではないことを説明する更なる努力をなすべきである。（IAEA「福島第一原子力発電所外の広範囲に汚染された地球の環境回復に関するIAEA国際フォローアップミッション　概要報告書」より）

要するに、除染によって年間一ミリシーベルトを達成するのは困難だから、住民に最大で年間二〇ミリシーベルトを「許容」するよう、「コミュニケーションの取組を強化」すべしと日本政府に「助言」しているのです。

■ＩＡＥＡの設立経緯

ＩＡＥＡは、その任務の一つに「全世界における平和的利用のための原子力の研究、開発及び実用化を奨励し援助」（「ＩＡＥＡ憲章」より）することを挙げています（もう一つの重要な任務は、核兵器の拡散防止）。一九五七年にアメリカの主導で設立されましたが、そのきっかけは、一九五三年十二月、国連総会で演説したアイゼンハワー大統領の「平和のための原子力（Atoms for Peace）」でした。それまでアメリカは核兵器を独占する目的から、原子力技術の民間利用を禁止していました。しかし、ソ連が一九四九年に、イギリスが一九五七年に核実験に成功し、アメリカの核の独占体制が崩れます。さらに、原発技術の開発でもソ連、イギリスに先を越されていました。アイゼンハワーは事態の打開を図り、「平和のための原子力」演説によって再び核関連分野で主導権を握ろうとしたわけです。

ＩＡＥＡは、今でもアメリカの利益を最重視していると考えられます。内部告発サイト「ウィキリークス」は、二〇一〇年十二月にある機密情報を公表しました。それによると、アメリカの駐ウィーン国際機関代表部が二〇〇九年に本国に送った公電の中で、日本の天野之弥氏がＩＡＥＡ事務局長に就任する直前、代表部の大使に対して、次のような発言をしたとのことです。

幹部の人事案件からイランの核兵器開発疑惑への対応まですべての重要な戦略的決定で米側に立つ。

国連傘下の自治機関として設立されたＩＡＥＡですが、その事務局長が「すべての重要な戦略的決定で米側に立つ」と言っているのです。国際原子力ムラの中心にアメリカがいるのは、創設の経緯を考えれば当然かもしれません。しかし、現実に放射能の影響が人々を苦しめ、今後も被害が広がる恐れがある以上、このままでいいはずがありません。

❽ 日本は、国際原子力ムラの意向には逆らえないのでしょうか？

国際原子力ムラは、核拡散の防止という名目《めいもく》で、第二次世界大戦の戦勝国であるアメリカ、ソ連、イギリス、フランスなどの核保有国以外の国が核兵器を持てないように縛《しば》ることで、その政治的な優位性を維持する体制を築いてきました。それと同時に、世界に原発を普及させることで核保有国の原子力関連企業が継続的に利益を上げられる体制作りでも、大きな役割を果たしてきました。

広島、長崎の被爆者や、福島第一原発事故後の福島県民に対する日本政府の対応を見る限り、これまでのところ日本政府は、国際原子力ムラ、特にその中心に居座るアメリカ政府の意向にそのまま従っているように見えます。

この状況を変える第一歩は、歴史的な事実を丹念に掘り起こすことです。そこで、ここではまず日本の近代史と将来を考えるうえで、非常に興味深い示唆を与える、アメリカの機密解除文書を紹介しましょう。

■A級戦犯の釈放・仮釈放問題と第五福竜丸事件

それは、一九五四年十二月二十七日付で、駐日アメリカ大使ジョン・M・アリソンからアメリカ国務長官ジョン・フォスター・ダレスに送られた書簡です。二〇一四年にアメリカ国立公文書館に情報公開請求したところ、これが機密解除されて出てきました（⇩245ページ）。

この書簡は、アリソンが当時の日本の外務大臣重光葵《しげみつまもる》と会談した内容を報告するものです。一読して私が驚いたのは、重光がアリソンに渡したメモとして紹介している、次の箇所です。メモには六つの懸案事項が書かれていましたが、その第六項に、

大規模な戦犯の釈放と仮出所。それによって、日本人はアメリカ政府に対して好意的な態度を取るようになるだろう。（略）

とありました。第二次大戦後、極東軍事裁判（東京裁判）で終身刑に処されたA級戦犯の釈放または仮釈放をアメリカに暗に要求しているのです。

なぜ驚いたのかというと、この書簡が書かれた当時、日本とアメリカの間で、ビキニ水爆事件という大問題が持ち上がっていたからです。重光外相のメモの第一項も、「ビキニ補償問題の解

決」です。アメリカが提案した百五十万ドルに対して、日本が二百万ドルを要求するくだりもあります。しかし、日本はアメリカにビキニ水爆事件の補償を求めるのと同時に、A級戦犯の釈放・仮釈放も求めている。実際、一九五五年までに大半のA級戦犯が仮釈放されています。私は直観的に、この書簡が長らく機密指定解除を受けなかったのは、ビキニ水爆の補償問題の取引材料としてA級戦犯が使われたことを臭わせるせいだろうと思いました。

ちなみに、第五項には、防衛費に関する合意を求める内容の箇条書きもありました。この書簡が発信される五カ月前、七月一日に、防衛庁と自衛隊が発足していました。また同時期の出来事として特筆すべきことは、ビキニ水爆事件の発生とほぼ同じ頃の三月二日に、中曽根康弘《なかそねやすひろ》を中心とする超党派の議員が「原子力予算」を国会に提出し成立させ、原発推進のレールが敷かれたことです。このように一九五四年は、再軍備、原発、原子力災害をめぐる問題が同時進行で絡《から》みあう時期でした。

このように一九五四年は、再軍備、原発、核災害をめぐる問題が一気に噴出した時期です。ここで時計を現代に進めてみましょう。二〇一四年四月、安倍晋三政権は他国への武器輸出を禁じた武器輸出三原則を事実上撤廃して、日本から海外への武器輸出への道を開き、二〇一五年九月には安全保障関連法案を強行採決して成立させ、集団的自衛権の行使を容認して自衛隊が活動できる範囲を従来より格段に広げました。一九五四年の再軍備をさらに拡大して推し進めているのです。また、福島第一原発事故以来、日本の原発はすべて停止していましたが、二〇一五年

~~SECRET~~

-2- 1502, December 27, 2 p.m., from Tokyo

1. Settlement of Bikini compensation problem.

2. GARIOA settlement.

3. Use of yen funds under section 550 of the MSA act of 1953.

4. Consummation of agreement under public law 480.

5. Agreement on Japanese contribution to joint defense expenditure.

6. Release and parole of war criminals on a larger scale which "will convince Japanese people of the friendly attitude on the part of US Government in solving this question and will contribute materially toward the improvement of our relations, especially in view of the actions being taken by other governments concerned.

The document concludes with a statement that the Japanese Government has a deep interest in the reported US plan for stepping up economic development in Southeast Asia. It states that the Japanese Government is now studying this question and hopes that the results of its study will prove useful to the US Government.

The only one of the above questions which the Foreign Minister dealt with specifically was the Bikini compensation matter. I told him, as I had previously told Tani, that I was prepared to make a settlement now on the basis of US payment of $1,500,000. I also told him that if this was not satisfactory I was prepared to discuss a slight increase, but that any substantial increase would probably have to be approved by Congress and would entail considerable delay and possible unfavorable discussion on the floor of Congress. Shigmitsu asked if it would not be possible to go up to $2,000,000 as he thought he could obtain agreement at this sum. I said I could not promise this, but that if he could give me a definite indication that this sum would be acceptable, I would refer the matter to Washington. Shigmitsu said he would be in touch with me either directly or through Tani within the next few days, but that he was certain that no sum less than $2,000,000 would be acceptable. I believe it could be most helpful to our relations with this new government if I could receive authorization now to offer $2,000,000 if Shigmitsu indicates he has general Cabinet approval.

With respect to the other questions in the document given me, Shigmitsu said I should feel free to discuss any or all

of them

~~SECRET~~

アリソン駐日大使からダレス国務長官宛ての書簡＝1954年12月27日
（アメリカ国立公文書館）

八月には鹿児島県の川内原発の原子炉が再稼働し、伊方原発の再稼働に愛媛県知事が同意するなど、他の原発の再稼働への動きも強まっています。核兵器による災害と原発による災害という違いはあっても、ビキニ水爆事件と福島第一原発事故はいずれも核災害です。

一九五四年と昨今の日本の状況は、核災害を背景に、核に依存する体制を見直すどころか、時の政権によって軍事力や原子力体制を強化する施策が次々打ち出された点でとてもよく似ていると思います。

■把握していた高レベル放射能汚染

ビキニ水爆事件をめぐって発信されたアメリカの公文書を読み解くと、アメリカ政府や原子力委員会が、表の顔と裏の顔を使い分けていたことがわかります。国際原子力ムラの意向を知る手がかりとして、以下、ビキニ水爆事件にどんな意味があったのか考えてみましょう。

アメリカ政府は一九五四年三月一日から五月十三日にかけ、マーシャル諸島ビキニ環礁で、「キャッスル作戦」を実行。計六回の核実験が実施されました。爆撃機に搭載できる水爆は可能かを試すため、最初に「ブラボー・ショット」と言われる実験が行われました。

アメリカ原子力委員会は実験当日の三月一日、マーシャル諸島の太平洋実験場でアメリカ第七統合任務部隊が「原子力装置」を爆発させたと声明を出しています。この時点では、水爆実験を公表していないのです。さらに十一日には、「（マーシャル諸島の住民やアメリカ兵が）思いがけなく若干の放射能にさらされた」と発表しました。

しかし、「若干の放射能」どころではありませんでした。アメリカ原子力委員会はそのことを把握しておきながら、事態を軽く見せようとしていたのです。それを示す公文書があります。一九九七年に公開された、一九五四年三月十一日付のアメリカ上下両院合同原子力委員会の文書です。上下両院合同原子力委員会は、アメリカ議会の上院・下院の代表者で構成される議会の委員会で、政府機関である原子力委員会とは別です。主たる任務は原子力委員会の活動の調査で、原子力エネルギーの開発、利用、管理などの問題についても検討していました（一九四六年設置、一九七七年廃止）。一九五四年当時の委員長スターリング・コール下院議員は後にＩＡＥＡの初代事務局長（一九五七～一九六一年）を務めることになる人物です。

さて、問題の文書ですが、そこに、水爆実験の後、二百三十六人（アメリカの現在の公式見解では二百

ブラボー・ショット＝1954年3月1日（この写真は左右反転している）。この実験によって世界ではじめて爆撃機に水爆を搭載できることが示された。（アメリカ国立公文書館）

三十九人）の住民と二十八人のアメリカ兵が「非常に高レベルの放射線によって」被ばくしたことが記されています。さらに、国連信託統治領であるマーシャル諸島の住民が被ばくしたことが問題視され、「ソ連がこの不幸な出来事を使ってプロパガンダを行う恐れがある」とも記されています。つまり、上下両院合同原子力委員会は、事態の重さを十分認識していました。当然、その認識は原子力委員会でも共有されていたでしょう。それなのに「若干の放射能にさらされた」と公表したのです。

■第五福竜丸事件

しかし、水爆実験による放射能汚染の実態は、三月十六日、読売新聞が掲載した「邦人漁夫、ビキニ原爆実験に遭遇　二三名が原子病　一名は東大で重症と判断」という記事をきっかけに、徐々に明らかになっていきます。第五福竜丸事件です。

ブラボー・ショットのとき、第五福竜丸は、アメリカ原子力委員会が事前に指定していた航行禁止海域の境界から三十キロ以上は東に、ビキニ環礁からは百六十キロほど東に離れた場所で、マグロ漁を行っていました。船員たちが異常な光を目にしたのは午前四時頃だったと言います。

しばらくすると、それまでよく晴れていた空がときどきうすぐらくなり、午前六時半ごろから、五、六時間のあいだ白い粉末がチラチラと降る雪のように、断続的に船上にふりそそいだ。白い粉で甲板の上はまっ白になり、はっきり靴のあとがつくくらいになった。（略）かえる途中、船員たちはいつになく頭痛を感じたり、吐き気をもよおすのだった。頭髪をひっぱると、すぐ抜ける人もあった。白い粉末がふれたところは赤くはれ、かゆみをおぼえた（三宅康雄『死の灰と闘う科学者』岩波新書）。

十四日、第五福竜丸は焼津港に寄港。船員たちは東京大学附属病院、東京国立第二病院（現・国際医療センター）に入院します。十七日、アメリカ政府は水爆実験を行ったと発表。二十四日、実験当局者であるアメリカ原子力委員会の委員長ルイス・ストローズは、実験場のごく近くにしか放射能はないと発表しました。三十一日の声明では、第五福竜丸の船員二十三人の他、マーシャル諸島の住民二百三十六人とアメリカ兵二十八人が被ばくしたことを認めたものの、「日本のトロール漁船（実際は「はえなわ漁船」）・福竜丸は捜索では見逃されていたようである。しかし、核爆発の閃光を見た六分後に振動を聞いたという船長の発言にもとづけば、船は危険区域内にいたにちがいない」と述べます。被ばくしたのは第五福竜丸がアメリカが設定していた危険区域に入ったからだという見解を示したのです（実際は三〇キロ東に離れていました）。

■CIAによる調査

さらに、ストローズ委員長は、アメリカ中央情報局（CIA）に、第五福竜丸のスパイ調査を依頼します。『米公文書機密解除資料集　一九九八年度版』に収録されている資料によれば、調査の主な目的は、同船が事前にアメリカが指定していた核実験の「危険区域」に入っていたのか、そうでないとしても、偵察を行い爆発を記録する目的で、また、反米プロパガンダのために、意図的に被ばくしたのかどうかについて結論を出すこと。大量の放射性降下物を浴びた第五福竜丸の船員たちではなく、スパイ行為と反米プロパガンダのために利用されたアメリカこそ被害者なのではないか。そんな視点で行われた調査でした。

しかし、調査の結果、第五福竜丸がスパイ行為を働いた証拠も、プロパガンダ目的であることの証拠も見つけることができなかったと、CIAの担当官は四月二十九日にストローズ原子力委員会に報告しています。なお、この調査には日本の外務省も協力していました。当時、「スパイ疑惑」は事件直後から大々的に宣伝されましたが、CIAが調査に乗り出したことも、調査によって第五福竜丸へかけられた疑いが晴れたことも報道されることはありませんでした。

アメリカ原子力委員会は、キャッスル作戦の最初の一発で、マーシャル諸島の住民が「非常に高レベルの放射線によって」被ばくしたことを早い段階で把握し、その後、危険区域の範囲を広げたとはいえ、第五福竜丸のスパイ行為や反米プロパガンダの疑いも四月末までに晴れていたにもかかわらず、五月十三日まで予定通り核実験を続けたのです。当時の外務大臣岡崎勝男は、四月十日付『朝日新聞』によれば、「しかしながらわれわれは米国に対し原爆実験を中止するよう要求するつもりはない。それはわれわれが、この実験が米国のみならず、われわれもその一員である自由諸国の安全保障にとり必要なことを知っているからである」と述べました。広島、長崎に続いて再び日本人が核兵器の被害に遭ったことを嘆く声が日本全国で高まる中、アメリカの核実験を積極的に支持する立場を表明したのです。

■迅速な和解へ

それでは、実験後、アメリカ政府は、第五福竜丸事件についてどのような対応を取ったのでしょうか。一九五四年六月十七日、アメリカに帰国中のアリソン駐日大使は、上下両院合同原子力委員会の秘密会で、「私は明日〔日本に〕戻る予定であり、来週外務大臣のところに行って次のように言うことができる。『われわれはこのすべてを清算してすべてのことを忘れたい。私はあなたに七十五万ドルの小切手を渡すことができる』」と提案。さらに、議論すればするほど気まずくなってしまってよくない、迅速な和解によって「われわれは日本政府から解放され、その時点から彼らに責任がかかる」と述べました。

秘密会では、「漁業に継続的損害があるか」という質問も出されました。放射性降下物による海洋汚染が懸念《けねん》されたからです。日本政府は放射能に汚染されたマグロを全国に流通させない措置をとっていましたし、アメリカの缶詰輸入業者も日本からのマグロ缶詰の輸入を一時的にストップさせていました。ビキニ水爆事件によって第五福竜丸のみならず（後に九百九十二隻もの漁船が被ばくしていたことが明らかになります）、日本の水産業全体が大打撃を受けました。

そこで、「実地調査でうごかぬ証拠をつきつける」ため、農林省水産庁が送りだした「浮かぶ研究所」が、調査船「俊鶻丸《しゅんこつまる》」でした（三宅康雄・前掲書）。日本が独自に計測班、生物班、環境衛生班、海水・大気班、海洋班、気象班などからなる調査団を結成し、五月十五日、マーシャル諸島周辺（アメリカの設定した危険海域の外側と爆心地付近）に出発したのです。

このことを念頭に、アリソンは、「われわれ側の人びとは継続的損害はないはずであると言っているが、日本人は〔どのような調査結果を出すか〕わからない。この船は七月の最初の頃に戻ってくる。私はこの件〔補償問題〕をその船が帰ってくる前に収拾をつけたいのである」と答えます。「日本政府との和解はこの補償に含まれるのか」という問いに対しては、「日本政府はそれに同意しなくてはならないし、合衆国に対していかなる抗議もこれからはなくなるであろう」と述べました。アリソンは、日本側による調査によって被害の実態が明らかになる前に、日本とアメリカの政府間で和解し、「決着済みの問題」という既成事実を作ろうとしていたのです。

七月、俊鶻丸が帰港します。その調査結果は、ストローズ委員長による「爆心地の近くにしか放射能はない」という発言を覆《くつがえ》すものでした。ビキニ環礁から東に一千キロ離れた場所の海水からもプランクトンからも放射能が検出されたのです。俊鶻丸のデータは、アメリカ政府の公表するものとは別の、信頼できるデータでした。

■見舞金で「完全な解決」

結局、アリソンが望んだ、俊鶻丸の調査結果が明らかになる前というタイミングでは補償金問題は解決しませんでした。しかし、先に紹介した、アリソンと重光外相（一九五四年十二月に発足した鳩山一郎内閣で外務大臣に就任）とのやりとりなどを経て、一九五五年一月、アメリカ政府から日本政府へ二百万ドル支払われました。

一九五五年一月四日、二百万ドルを支払う旨を伝える文書がアリソンから重光宛てに送られました。その中に、次のような文章があります。

本使はアメリカ合衆国政府が、マーシャル群島における一九五四年の原子核実験の結果生じた傷害又は損害に対する補償のため**二百万ドルの金額を、法律上の責任の問題と関係なく、慰謝料〔原文では ex gratia payment〕として、日本国政府にここに提供する**ことを閣下に通報します。

この中で使用されている「ex gratia payment」とは、『リーダーズプラス』（研究社）によれば、「見舞金、任意給付（法的には支払義務はないと考えるにもかかわらず保険会社が支払う金。高額の弁護費用を払って支払拒否を貫くより金銭的解決の方が安く付く場合などに支払われる）」を意味します。つまり、アメリカ政府は水爆による犠牲者が出たことに対してその責任を認めたわけではなく、日本からの非難の声を抑えるために、お見舞いとして払っただけなのです。実際、この二百万ドルは、アメリカ議会を通さず、心理戦略を担う政府機関である工作調整委員会の承認を経て、相互安全保障法に基づき、対外活動本部の予算から出されました。

さらに注目すべきは、次の箇所です。

アメリカ合衆国政府は、日本国政府は前記の二百万ドルを受諾《じゅだく》するときは、日本国並びにその国民及び法人が前記の原子核実験から生じた身体又は財産上のすべての傷害損失又は損害についてアメリカ合衆国又はその機関、国民若《も》しくは法人に対して有するすべての請求に対する完全な解決として、受諾するものと了解します。

要するに、この金を受け取った後は、アメリカ政府に対して、第五福竜丸（だけでなくマーシャル諸島で行われた原子核実験で受けたあらゆる被害）について今後一切文句を言うな、ということです。アリソンが一九五四年六月に上下両院合同原子力委員会の秘密会で、日本政府にまとまった金額を渡し、その配分を任せることによって「われわれは日本政府から解放され、その時点から彼らに責任がかかる」と述べたように、ビキニ水爆事件は、これで「完全な解決」が諮《はか》られたのです。

■久保山愛吉さんの死因

一九五四年九月二十三日、第五福竜丸の漁船員久保山愛吉《あいきち》さんが亡くなりました。日本の主治医は久保山さんの死因を「放射能症」とします。しかし、アメリカ政府はこれを放射能症とは認めませんでした。アメリカ原子力委員会生物医学部の部長ジョン・C・ビューワーは、一九五五年四月六日付の書簡において、久保山さんの死は「肝炎」によるものという見解を述べています。放射線傷害から回復過程にあったものの、入院中に「濾過性ウイルスによって引き起こされる感染性型の肝炎」のために亡くなったというのです。ところが、六月二十九日付のビューワーの書簡では、「この資料〔病理標本としてアメリカへ送られた久保山さんの組織の一部〕は医学上大変興味深いもので、（略）私たちに組織を提供してくださった日本の病理学者たちの親切に感謝しています」と述べています。要するに、久保山さんの死因は肝炎であって放射能障害ではないと述べる一方で、「医学上大変興味深いもの」と見ていたわけです。ビューワーが久保山さんを肝炎患者として興味を持っていたのではないことは明らかでしょう。

なお二〇〇五年には、東京工業大学名誉教授の山崎正勝氏によって、ビキニ水爆事件に当たって工作調整委員会がどのような対日工作を行ったかが明らかになっています。山崎氏が発掘した公文書によれば、一九五四年四月二十二日、工作調整委員会は、「H爆弾〔水爆のこと〕及び関連した開発に対する日本人の好ましからざる態度を相殺《そうさい》するための合衆国政府の対策のチェックリスト概要」なる文書を起草《きそう》しました。

そこには、「日本人患者たちの持続する症状を、放射能であるよりは珊瑚《さんご》の粉塵《ふんじん》の科学的な効果のせいにすることを追求すること」「放射線被曝を受けた日本の漁民の死亡事件発生の場合における緊急計画を、合衆国と日本との共同の検死解剖と死因に関する共同声明を含めて開発すること」などの文章があります（山崎正勝『日本の核開発』績文堂）。要するに、**アメリカは四月の時点で、船員の死を想定したうえで、「日本人患者たちの持続する症状を、放射能であるよりは珊瑚の粉塵の科学的な効果のせいにする」という方針を立てていた**のです。

■放射性降下物の調査「プロジェクト・サンシャイン」

第五福竜丸事件の補償問題が「完全に解決」してまもなく、一九五五年二月十五日、アメリカ原子力委員会は、ブラボー・ショットによって広範囲の地域が汚染された事実を公式に認めました。ここにはじめてアメリカは放射性降下物の影響を認めたのです。それ自体は評価すべきことですが、問題は、その認め方。ビキニ水爆は水上・水中爆発だから放射性降下物が降ったのであって、空中で爆発した場合は、「地表に到達するまでにはその放射能の大部分が大気中に分散して無害なものとなり、残存する汚染は広く分散される」。つまり、放射性降下物の影響があるのは水中実験の場合だけという言い方で、広島、長崎における放射性降下物の影響をあらためて否定したわけです。

このように、アメリカは、極めて限定的な形でしか、放射性降下物の影響を認めませんでした。Q&A⑥で見たように、ABCC（原爆傷害調査委員会）統計部長ウッドベリーによる、放射性降下物について再調査すべしとの提案も、無視されました。しかし、放射性降下物について何の調査もしていないかといえば、そんなことはありません。

一九五三年から計画が立てられた、アメリカ原子力委員会、アメリカ空軍、ランド・コーポレーションによる極秘計画「プロジェクト・サンシャイン」では、放射性降下物ストロンチウム90がどこにどれだけ蓄積されているか、地球規模で調査されています。それだけではありません。日本で関係者の同意なく、世界中から人の組織や骨を集め、内部被ばくの分析も行われました。日本でこの調査に協力したのはもちろんABCCです。

プロジェクト・サンシャインにおいて内部被ばく研究を指揮したのは、アメリカ原子力委員会ニューヨーク作戦本部衛生安全研究所長メリル・アイゼンバッドです。ビキニ水爆事件後、世界中で放射性降下物に対する不安の高まりを受け、一九五五年に国連傘下に「原子放射線の影響に関する科学委員会（UNSCEAR）」（一般に国連科学委員会と呼ばれています）が誕生しますが、その設立に深く関与したのがアイゼンバッドでした。国連科学委員会のアメリカ代表は、アイゼンバッド、元アメリカ原子力委員会生物医学部長シールズ・ウォレン、ABCCの設立に際し調査に携わったオースティン・ブルースです。国連傘下で、中立性が求められる委員会のはずですが、その実態は、アメリカ原子力委員会の強い影響下にあったと考えられます。一九五五年十二月に開催された最初の会合では、アイゼンバッドの提案によって、国連科学委員会は核実験などの政治的に微妙な問題についての論争を避けるため、勧告を出さないという方針が確認されました。

しかし、一九五八年に国連科学委員会が出した報告書には、なんと「プロジェクト・サンシャイン」の調査結果を反映した非常に重要な報告が含まれていました。

ストロンチウム90のさまざまな食料への集積は、国によって違う。一グラムのカルシウムあたりの一ピコキュリーのストロンチウム90を1ストロンチウム・ユニット（一キログラムあたり三七ベクレルに相当。以下SUと表記）とすると、ミルクへの平均集積の範囲の地域による違いは、一九五五年は一・九〜八・八SU、（略）一九五六年には、日本の白米には三六〜六二SU含まれていた。一方で、一九五六〜五七年のアメリカ国での冷凍野菜では、一

〜二九SUの範囲で平均九SUであった。

五歳以下の子どもたち（死産の場合を除いて）の骨から計測されたストロンチウム90の平均値は一・五SU（一九五六〜五七年、カナダ）、一・一（一九五七年、イギリス）、〇・六六七（一九五六〜五七年、アメリカ）、二・三（一九五七年後半、ソ連）であった。

臨月《りんげつ》の胎児にも五歳以下の子どもたちと同様のストロンチウム90の含有量が確認されている。このことは、死産の子どもの平均値が〇・五五SU（四十二例）とのイギリスの結果によって示されている。妊娠後期のストロンチウム90の濃縮《のうしゅく》は、母親の血液に直接関係しており、食糧の汚染が増えるにしたがって、この濃縮は増えるであろう。


一般に内部被ばくを測定するための装置ホール・ボディー・カウンターなどではストロンチウム90を計測することはできません。ホール・ボディー・カウンターで測れるのはガンマ線だけですが、ストロンチウム90が発するのはベータ線だからです。ただしストロンチウム90はカルシウムと性質が似ているため、骨に蓄積されやすく、骨の分析によって検出することが可能です。だから、「プロジェクト・サンシャイン」では人骨を収集したのです。国連科学委員会の報告書はその調査結果を掲載したのです。

アメリカ原子力委員会の息の根がかかったと思われる国連科学委員会が、放射能の子どもへの影響を重視した報告書を出しているのは画期的です。「講義篇」で述べたように、私が、福島第一原発事故による内部被ばくの調査方法として、乳歯の保存を思いついたのも、「プロジェクト・サンシャイン」の例を知っていたからでした。惜しいのは、この結果が現実の放射線防護基準に活かされていないことです。むしろ、国連科学委員会はあらかじめ勧告を出さない方針があったからこそ、こういうデータを出せたのかもしれません。

■「プロジェクト四・一」

アメリカ原子力委員会が関わった放射性降下物に関する調査は「プロジェクト・サンシャイン」以外にもありました。「プロジェクト四・一」と呼ばれる極秘計画です。このプロジェクトの調査対象になったのは、先に述べた、一九五四年三月一日の水爆実験「ブラボー・ショット」によって高レベルの放射能にさらされた、マーシャル諸島の住民二百三十九人、アメリカ兵二十八人です。

この調査計画の正式名称は、「プロジェクト四・一　著しい放射性降下物に偶発的にさらされた人間の反応に関する研究」。一九五四年十一月に提出されたその報告書は、「降灰期間に屋根のないところにいた者と比べて屋内や木の下にとどまっていた者はいくらか防護されていたことが認められる」とし、「身体がむき出しになっている部分全体に外傷が広がっているという事実が示すとおり、衣服は、綿素材の一枚着でさえ、ほぼ完全な防護をする」と報告しています。

この報告書でも、広島、長崎の原爆の場合は「放射性降下物は問題なかった」と従来通りの見解が示されているものの、「今日の経験では、たとえ爆発地からかなり離れた場所でも、地表近くの水爆の爆発に続いて、人々は放射性降下物に身をさらす深刻な事態に及ぶことが、きわめて明らかである」と放射性降下物の影響が率直に認められています。

マーシャル諸島の一部であるロンゲラップ環礁の住民はブラボー・ショット後、クワジェリン環礁に避難していました。一九五七年、まだ食物の放射能レベルがアメリカ市民にとって許容量とされていた数値を超えていたにもかかわらず、ロンゲラップ環礁の住民は故郷に帰還させられます。その前年、アメリカ原子力委員会の生物・医学諮問委員会で、ある官僚は、住民の帰還に賛成したうえで、次のように発言しました。

彼らは、西洋人がするような、つまり文明化された人々がするような生活をしていないというのが事実である。その一方で、ネズミよりはわれわれに近いというのも事実である。

アメリカが実施した核実験によって土地を汚しておきながら、そこの住民を見下す。ABCCによる広島、長崎の被爆者のモルモット扱いと同じことがここでも繰り返されたと言えるでしょう。

マーシャル諸島共和国は、一九九〇年代後半から、「プロジェクト四・一」には実験前の計画段階から人体実験の目的があったと主張し、アメリカ政府はそれを否定しつづけています。

実験前の計画段階の一九五三年十一月の文書には、「プロジェクト番号四・一　タイトル：『ネズミを用いての中性子線量測定』」とあります。この時点ではネズミを使った実験が計画されていたのです。ところが、実験後、一九五四年十一月に提出された報告書では「著しい放射性降下物に偶発的にさらされた人間の反応に関する研究」となっています。一九五三年十一月から実験を挟んで一年の間のどこかで、ネズミから人間に調査対象が変更されているのです。問題は「偶発的」だったかどうかですが、このプロジェクトに関わる資料のすべてが公開されているわけではないため、確かな判断を下すことはできません。

しかし私は、少なくとも現在までに得られている資料だけでも「偶発的」とは言えないと考えています。先にも紹介したとおり、一九五四年三月十一日付のアメリカ上下両院合同原子力委員会の文書によれば、キャッスル作戦の実施前の二月、アメリカ上下両院合同原子力委員会は、実験当局者である原子力委員会に、住民を避難させる計画はないのか、と問いあわせています。過去の実験では、住民を避難させていたからです。少なくとも議会側の委員会は、放射性降下物の影響を懸念していたことがうかがえます。それに対して、原子力委員会は、住民を避難させる計画はなく、これらの島々に放射性降下物が降る可能性はないと確信していると返答していました。

原子力委員会は、一九四六年に実施された原爆実験では住民を避難させていました。それなのに原爆よりはるかに威力の大きい水爆実験で住民を避難させなかったわけです。この経緯を見れば、ロンゲラップ環礁の住民が自分たちは意図的に放射性降下物にさらされたと主張するのも当然のことだと思います。

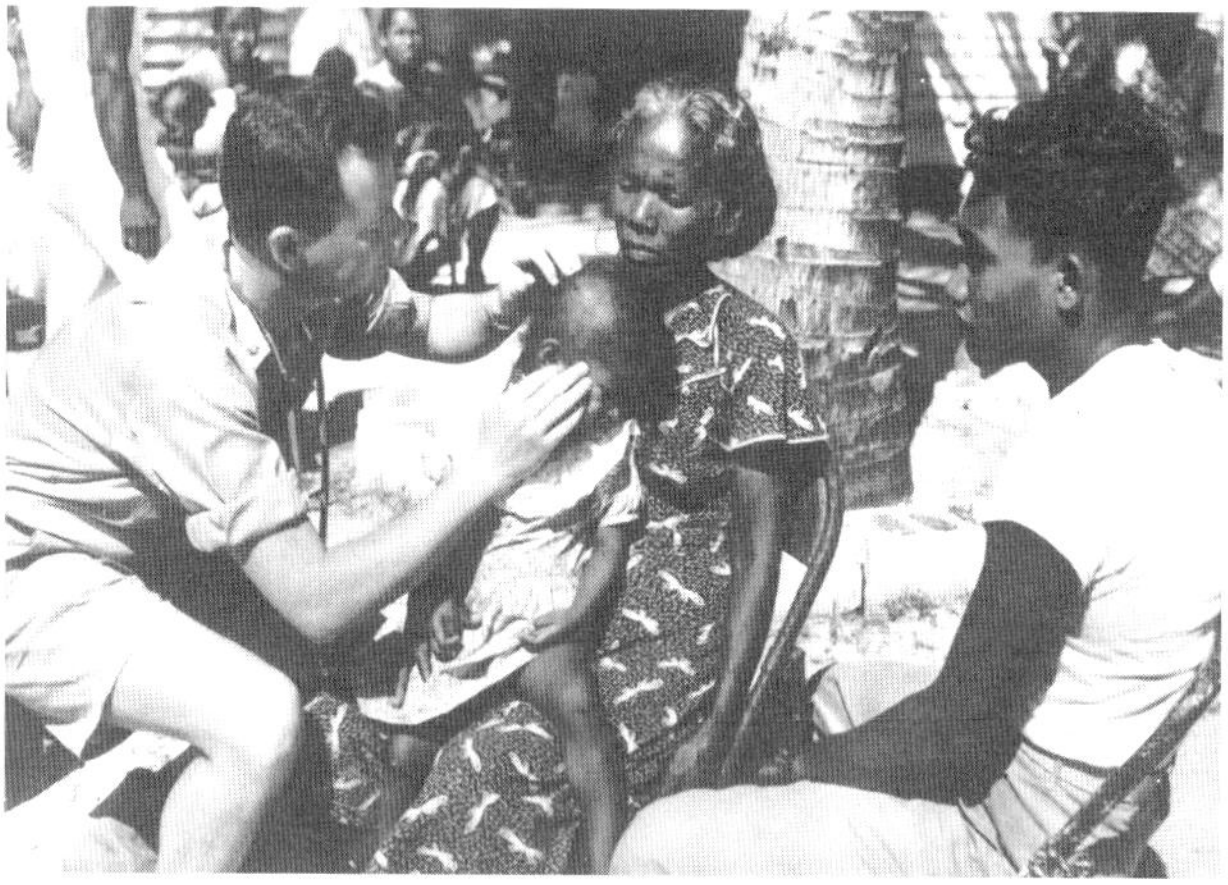

「プロジェクト4.1」のためにクワジェリン基地で健康状態を調査される幼い子。左はロバート・コナード医師。（アメリカ国立公文書館）

上の写真をご覧ください。ロンゲラップ環礁の住民の被ばく写真です。ブラボー・ショットの二日後、ロンゲラップ環礁の住民はアメリカ軍のクワジェリン基地に移され、医師の検査を受けました。写真に写る幼い子の髪が抜け落ちているのがおわかりになると思います。これは、典型的な放射線被ばくによる急性症状です。

原子力委員会委員長ストローズは、一九五四年三月三十一日、「二百三十六人の住民は私には元気で幸福そうに見えた」と声明を出しています。この声明の一週間前、実際彼は現地を訪れていました。そのとき写真のような住民を目にしたはずです。それなのに「元気で幸福そうに見えた」など呑気《のんき》なコメントをしていたのです。もしこの写真が当時公開されていたら、誰もストローズの発言を信じなかったでしょう。しかし写真は報道するために撮影されたものではありませんでした。

二〇〇四年、私はアメリカ国立公文書館に情報公開請求をしてこの写真を取り寄せました。被ばくの実相を物語る、こんな重要な写真が、それまでずっと軍事機密扱いされてきたのです。日本は国際原子力ムラの意向に逆らえないのか？　たしかに逆らうのは困難でしょう。しかし、一人の歴史家として、歴史的事実によってウソを暴《あば》くことが、国際原子力ムラに立ち向かう第一歩だと考えています。

おわりに

二〇一六年一月六日午後、北朝鮮は「水爆実験が成功裏に実施された」との政府声明を発表しました。原爆を起爆装置として使う水爆は、原爆より桁《けた》違いに威力が大きく、一九五四年三月にアメリカがビキニ環礁で実験した水爆（ブラボー・ショット）の威力は、広島型原爆の約一〇〇〇倍もありました。

韓国で検出された人工地震の規模が水爆によるものとしては小さかったため、北朝鮮が実際に爆発させたのは小型水爆ではなく強化型原爆ではないか、という見方もあります。しかし北朝鮮が一三年二月以来、四回目の核実験を行ったことは間違いないようです。

北朝鮮は政府声明の中で、核実験を実施した理由を「米国をトップとした敵対勢力の核の脅し、恐喝から国の自主権、民族の生存権を守り、朝鮮半島の平和と地域の安全を担保するための自衛的措置だ」と説明しています。北朝鮮にとって核は、敵対する核保有国アメリカの攻撃を未然に防ぐ抑止力であるという主張です。アメリカがブッシュ政権の時に採用された核先制使用戦略をオバマ政権となった今も基本的に継続していることを考えればこうした主張も一概に否定することはできません。

二〇一四年三月にはロシアがクリミア・セヴァストポリ特別市を自国領に加え、クリミアをウクライナの領土とみなすアメリカを中心とする有志連合諸国とロシアとの間に深い対立が生まれました（私自身は、ウクライナ政変を仕掛けたのはアメリカ側であり、ロシアのウクライナ侵略・クリミア併合ではなく、クリミアの人びとの自発的意思による独立とロシアへの編入の選択であったと考えています）。それから一年後（二〇一五年三月）、ロシアのプーチン大統領の発言が世界に衝撃を与えます。ウクライナ情勢をめぐるインタビューの中で、**プーチン大統領は、「〈相手側の対応次第では〉核兵器を臨戦態勢に置く用意があった」と発言した**のです。この発言から私たちは核戦争の危機が今も続いていることを思い知らされました（プーチン大統領の発言自体は、アメリカや日本などの報道では一方的に非難されましたが、アメリカ側も同様の措置を取っていただろうと考えればある意味で当然の主張であったともいえます）。

核には核で対抗し、核戦争を防ぐとする考え方を核抑止論と言います。核保有国は基本的にこの考え方に立って、核兵器の保有と使用を正当化していますが、この核抑止論を下から支えているのが原爆神話です。この神話では、広島、長崎への原爆投下が戦争を早期に終結させ、多くの人命を救ったとされます。しかし第一部で、実態は原爆神話の逆で、原爆投下が戦争終結を遅らせ、原爆を使用しなかった場合より犠牲者を増やした可能性が高いことを説明しました。核兵器は、原爆神話で示唆されるような「慈悲深い人道的な兵器」ではなく、多くの人命を奪うと同時に、生き残った人間を放射能で侵し、長く苦しめる極めて非人道的な「悪魔の兵器」なのです。化学兵器や生物兵器と同じく、本来、核兵器の使用はもちろん抑止力としての保有も禁じられて当然です。

しかし今やアメリカ、ロシア、イギリス、フランス、中国など核五大国の他、インド、パキスタン、北朝鮮などが核兵器の保有を表明する事態に至っています（公式表明はなされていないもののイスラエルの核保有も確実視されています）。このような核の拡散を食い止める最大のチャンスの一つが、一九四六年六月十四日に開かれた国連原子力委員会でした。しかし、この場で発表されたアメリカのバルーク案がソ連に受け入れられず、ソ連が五日後に発表したグロムイコ案もまたアメリカに拒否され、核兵器の国際管理の試みは失敗しました。

バルーク案は、その時点で唯一の核保有国であるアメリカ以外の国が原爆を開発・使用したら処罰するという取り決めができた後はじめてアメリカが原爆の製造を停止し、既存の備蓄を廃棄するというものです。それに対してグロムイコ案は、アメリカが保有するすべての原爆を最初に廃棄すべきであるというものでした。核の独占を目論《もくろ》む意図が明らかなバルーク案で交渉がまとまるはずがありません。私は、グロムイコ案のように、まずアメリカが核を手放さなければならなかったと考えています。

バルーク案を出したバーナード・バルークは元々、砂糖市場における投機によって財産を蓄えた投資家でした。第一次大戦時にはウッドロウ・ウィルソン大統領の顧問を務め、戦時産業局の長官として、軍需品の調達に携わっていました。第二次大戦でもフランクリン・ルーズベルト大統領の顧問として軍需品に関する助言をしています。バルークは、原爆の材料となるウランの鉱山に投資するニューモント・マイニング社の取締役でもありました。軍需産業や原子力産業の利益を代表する人物が、核兵器の国際管理を主導しようとしてもうまくいくはずがありません。

軍需産業と軍部との一体化した結びつきを「軍産複合体（または軍産官学複合体）」と呼びます。この軍産複合体の萌芽は二〇世紀初頭にはできていましたが、アメリカにおける軍産複合体の構築に大きなきっかけを与えたのがマンハッタン計画でした。マンハッタン計画には約二十二億ドルが費やされ、ダウケミカル社、デュポン社、ユニオンカーバイド社、ウェスティングハウス社、ロッキード社、ダグラス社などの軍需産業、シカゴ大学、カリフォルニア大学などの大学が参加・協力しました。動員されたのは、約十二万人です。マンハッタン計画で生まれたアメリカの軍産複合体は、戦後、ソ連との激しい核軍拡競争を背景に、ますます肥大化していきました。

核兵器の開発にあたって軍部から注文を受けていた企業のいくつかは後に原発メーカーに変貌します（たとえばウェスティングハウス社）。トルーマンの次に大統領となったアイゼンハワーが一九五三年十二月に「原子力平和利用」の演説を行い、原子力エネルギーの民間利用を推進し、原発を積極的に輸出していく考えを明らかにしました。この政策には原発関連技術や核燃料を輸出することによって、その輸出した相手国をコントロールするとともに、肥大化したアメリカの軍需産業に儲《もう》ける仕掛け（特許を持つ原子炉技術と作りすぎた濃縮《のうしゅく》ウランを売ることによって利益を得る）を提供する狙いもあったと考えられます。

この仕掛けにからみ取られている国の一つが日本です。**日本は一九八八年にアメリカと結んだ日米原子力協定（第十二条四項）によって、アメリカの同意なしには原発を止めることができません。**地震大国であるにもかかわらず日本が五十四基もの原発を持つような世界で三番目の原発大国になったこと、また福島第一原発事故を経験したにもかかわらず、原発をやめられない理由の一つがここにあります。

しかし、現在の安倍晋三政権は原発をやめる意志を持っていません。それどころか核武装への道を歩もうとしている可能性があるのです。二〇一一年八月十六日に放映された「報道ステーションで」、当時自民党幹事長だった石破茂氏は「核の潜在的抑止力を維持するために、原発をやめるべきとは思いません」と発言しました。潜在的な核兵器製造能力を持つために、原発が必要だというのです。安倍首相自身もかつて早稲田大学での講演で「小型であれば原子爆弾の保有や使用も問題ない」と発言して物議を醸しました（『サンデー毎日』二〇〇二年六月二日号）。日本への原発導入の立役者、中曽根康弘元首相は、回顧録『自省録』（新潮社）の中で、一九七〇年に防衛庁長官に就任した際、私的な専門家グループに核武装の研究をさせていたことを明かしています。このように日本の原発導入は当初から核武装への道につながっていたと考えられます。

二〇一二年に改正された原子力基本法は第二条二項で、「安全の確保については、確立された国際的な基準を踏まえ、国民の生命、健康及び財産の保護、環境の保全並びに我が国の安全保障に資することを目的として、行うものとする」と定めています。原発の安全は、「我が国の安全保障」、つまり軍事戦略・防衛戦略も考慮の対象に含めて決めるというのです。

本書は、ここまで核に関わる軍事戦略・防衛戦略の影で、広島、長崎の被爆者を含む、世界中にグローバルヒバクシャという核被害者たちが生み出されてきたこと、またそうした不都合な真実が巧妙に隠されて多くの人々の人権がないがしろにされてきた歴史をたどってきました。しかし、グローバルヒバクシャは今なお生み出され続けています。「核の戦後史」は過去の話ではありません。これ以上のグローバルヒバクシャを生まないために、何ができるのか。本書がその問題を考えるヒントになれば幸いです。

木村　朗

付　　録

関連年表
参考文献
索　　引

関連年表

1941年	7月29日	イギリスのモード委員会、ウラン爆弾開発が可能と報告（アメリカにも伝達）
	12月8日	日本軍、真珠湾を攻撃
1942年	8月27日	マンハッタン計画、開始
1943年	3月15日	ロスアラモス国立研究所、開設。オッペンハイマー、所長に着任
1945年	7月16日	ニューメキシコ州アラモゴードで史上初の原爆実験「トリニティ作戦」
	7月26日	ポツダム宣言発表
	8月6日	広島に原爆投下
	8月8日	ソ連、対日宣戦布告
	8月9日	長崎に原爆投下
	8月10日	日本政府、「米機の新型爆弾による攻撃に関する抗議文」をスイス政府を通じてアメリカ政府に発信
	8月14日	御前会議でポツダム宣言受諾を正式決定
	8月15日	「玉音放送」、戦争終結
	9月2日	日本、戦艦ミズーリ号上で降伏文書に調印
	9月3日	日本、原爆被害報告書をアメリカ軍に提出
	9月5日	ウィルフレッド・バーチェット、「デイリー・エクスプレス」紙で原爆の惨状を報道
	9月8日	（〜10月6日）スタッフォード・ウォレン大佐ら、広島と長崎を初動調査
	9月12日	ファーレル准将、東京で残留放射線を否定する記者会見
	9月13日	「ニューヨーク・タイムズ」紙、残留放射線を否定するファーレル声明を掲載

	9月19日	プレスコード発令
	10月12日	アメリカ軍合同調査団、初動調査を継続し、広島と長崎を12月まで調査
1946年	7月1日	（〜7月25日）核実験「クロスロード作戦」（マーシャル諸島ビキニ環礁）
1947年	1月1日	アメリカ原子力委員会（AEC）発足
	2月	ヘンリー・スティムソン、『ハーパーズ・マガジン』2月号に論文を掲載（原爆神話の登場）
	3月1日	原爆傷害調査委員会（ABCC）が発足
1947年	3月26日	アメリカ軍合同調査団、調査報告を発表
	3月	アメリカ軍戦略爆撃調査団医療調査部の報告書『広島、長崎における保健・医療施設への原子爆弾の影響』公刊
1949年	8月29日	ソ連、セミパラチンスク核実験場で初の原爆実験
1950年	6月25日	朝鮮戦争勃発（1953年7月27日、休戦協定調印）
1951年	9月8日	日本、アメリカなどとサンフランシスコ講和条約に調印（1952年4月28日発効）
1952年	10月3日	イギリス、オーストラリアのモンテ・ベロ島で初の原爆実験
1953年	8月	核実験による放射性降下物を計測する「プロジェクト・サンシャイン計画」開始
	12月8日	アイゼンハワー大統領、国連で「平和のための原子力」演説
1954年	3月1日	（〜5月31日）核実験「キャッスル作戦」（ビキニ環礁）。水爆「ブラボー」実験でマーシャル諸島の住民を含め、第五福竜丸の乗組員が被ばく。その他に約千隻の日本漁船も被災
	3月3日	中曽根康弘衆院議員らにより国会に原子力研究開発予算が提出され、成立（2億5000万円）
	5月15日	（〜7月4日）日本政府、調査船「俊鶻丸」を派遣
	7月1日	自衛隊発足
	9月23日	被災した第五福竜丸の久保山愛吉無線長、死亡

1955年	1月4日	ビキニ被災補償に関する見舞金として、200万ドル支払う日本とアメリカの交換公文書、署名
	2月15日	AEC、放射性降下物による汚染を認める声明を発表
	7月9日	核戦争の危機に対して科学者が社会的責任を果たすよう呼びかけた「ラッセル・アインシュタイン宣言」発表
	11月14日	日本、アメリカ、「原子力研究協定」に調印（1955年12月27日発効）
	12月19日	日本、「原子力基本法」成立
1957年	4月1日	「原子爆弾被爆者の医療等に関する法律」（原爆医療法）が施行
	7月29日	国際原子力機関（IAEA）が発足
	10月4日	ソ連、スプートニク打ち上げに成功
1962年	10月22日	キューバ危機。ケネディ大統領、キューバ海上封鎖を声明
1963年	6月6日	アメリカ、ネバダ州で初の地下核実験
	8月5日	アメリカ、イギリス、ソ連、「部分的核実験停止条約」（PTBT）に調印（1963年10月10日発効）
	12月7日	東京地裁、原爆投下は国際法違反と判決
1964年	10月16日	中国、初の原爆実験
1967年	12月11日	佐藤栄作首相、衆議院予算委員会で「核兵器を持たず、作らず、持ち込ませず」の非核三原則を表明
1968年	7月1日	アメリカ、イギリス、ソ連、「核拡散防止条約」（NPT）に調印（1970年3月5日発効）
	8月24日	フランス、南太平洋で初の水爆実験
1973年	5月9日	アメリカ軍合同調査団が収集した原爆資料、アメリカ軍病理学研究所から日本に返還
1974年	5月18日	インドが初の核実験
1975年	4月1日	ABCCを改組して広島、長崎に（財）放射線影響研究所が発足

１９７９年	3月28日	スリーマイル原発事故
１９８６年	4月26日	チェルノブイリ原発事故
１９８７年	11月4日	日本、アメリカ、「原子力協定」に調印（１９８８年7月17日発効）
１９９０年	10月15日	ブッシュ大統領、ネバダ核実験とウラン採掘のためにガンになった住民への「核被害者補償法案」に署名
１９９３年	11月15日	「アルバカーキ・トリビューン」紙、マンハッタン計画下のプルトニウム人体実験について報道開始
１９９５年		クリントン大統領の命令で設置された「放射能人体実験諮問委員会」、報告書をまとめる
１９９５年	5月11日	核不拡散条約を無期延長
１９９５年	6月28日	アメリカ、スミソニアン博物館で「エノラ・ゲイ」展開幕。当初の計画から大幅に変更され、被爆資料が展示されず
１９９６年	9月24日	国連、「包括的核実験禁止条約」（ＣＴＢＴ）を採択
１９９６年	7月8日	国際司法裁判所、核兵器使用は「国際法や人道に関する諸原則、法規に一般的に違反する」と勧告
２００１年	9月11日	アメリカで「同時多発テロ」が発生
２００２年	2月28日	「ＵＳＡトゥデイ」紙、核実験による放射性降下物でアメリカだけで約1万５０００人死亡と報道
２００６年	10月9日	朝鮮民主主義人民共和国、核実験実施
	10月	日本政府閣僚ら、「日本の核武装論」を議論
２００７年	6月30日	久間防衛大臣、「原爆はしょうがない」発言
２０１１年	3月11日	東日本大震災。福島第一原子力発電所事故
２０１２年	6月13日	日本、「原子力基本法」を改正

参考文献

『破滅への道程　原爆と第二次世界大戦』マーティン・シャーウィン著（TBSブリタニカ）一九七八年
『原爆投下のシナリオ』A．マキジャニ／J．ケリー共著（教育社）一九八五年
『原爆犯罪　被爆者はなぜ放置されたか』椎名麻紗枝著（大月書店）一九八五年
『被曝の世紀　放射線の時代に起こったこと』キャサリン・コーフィールド著（朝日新聞社）一九九〇年
『資料　マンハッタン計画』山極晃／立花誠逸編著（大月書店）一九九三年
『核時代　昨日・今日・明日』中国新聞ヒロシマ50年取材班（中国新聞社）一九九五年
『原子爆弾の誕生』リチャード・ローズ著（紀伊國屋書店）一九九五年
『米軍占領下の原爆調査　原爆加害者になった日本』笹本征男著（新幹社）一九九五年
『黙殺』仲晃著（NHKブックス）二〇〇〇年
『隠されたヒバクシャ　検証＝裁きなきビキニ水爆被災』前田哲男監修／高橋博子・竹峰誠一郎・中原聖乃編著（凱風社）二〇〇五年
『世界を不幸にする原爆カード　ヒロシマ・ナガサキが歴史を変えた』金子敦郎著（明石書店）二〇〇七年
『オッペンハイマー　「原爆の父」と呼ばれた男の栄光と悲劇』カイ・バード／マーティン・シャーウィン（PHP）二〇〇七年
『空の戦争史』田中利幸著（講談社現代新書）二〇〇八年
『終戦史　なぜ決断できなかったのか』吉見直人著（NHK出版）二〇一三年
『重慶爆撃とは何だったのか　もうひとつの日中戦争』戦争と空爆問題研究会著（高文研）二〇〇九年

『暗闘　スターリン、トルーマンと日本降伏』長谷川毅著（中公文庫）二〇一一年
『新版　検閲　原爆報道はどう禁じられたのか』モニカ・ブラウ著（時事通信社）二〇一一年
『増補　放射線被曝の歴史　アメリカ原爆開発から福島原発事故まで』中川保雄著（明石書店）二〇一一年
『内部被曝からいのちを守る　なぜいま内部被曝問題研究会を結成したのか』市民と科学者の内部被曝問題研究会編（旬報社）二〇一二年
『オリバー・ストーンが語るもうひとつのアメリカ史』オリバー・ストーン／ピーター・カズニック共著（早川書房）二〇一三年
『「終戦」の政治史　1943-1945』鈴木多聞著（東京大学出版会）二〇一一年
『原爆投下とアメリカ人の核意識　通常兵器から「核」兵器へ』マイケル・D・ゴーディン著（彩流社）二〇一三年
『原子力と冷戦　日本とアジアの原発導入』加藤哲郎／井川充雄編著（花伝社）二〇一三年
『プルトニウムファイル　いま明かされる放射能人体実験の全貌』アイリーン・ウェルサム著（翔泳社）二〇一三年
『福島原発事故　県民健康調査の闇』日野行介著（岩波新書）二〇一三年
『日本はなぜ、「基地」と「原発」を止められないのか』矢部宏治著（集英社インターナショナル）二〇一四年
『ヘンリー・スティムソンとアメリカの世紀』中沢志保著（国書刊行会）二〇一四年
『国際原子力ムラ　その形成の歴史と実態』日本科学者会議編（合同出版）二〇一四年
『原子爆弾　1938～1950年』ジム・バゴット著（作品社）二〇一五年
『被曝評価と科学的方法』牧野淳一郎著（岩波科学ライブラリー）二〇一五年

貴重な情報・一次資料を提供していただいた田中利幸氏（元広島市立大学・広島平和研究所）と波津博明氏（大妻女子大学）に深謝します。

ボーア, ニールス 70
ホール・ボディー・カウンター 141, 142, 259
ポツダム会談 54, 110, 114, 122, 123, 126
ポツダム宣言（対日降伏勧告声明） 23, 26, 46-48, 55, 100, 101, 105-108, 110, 112-119, 123, 125, 126, 128-130, 134, 136, 162, 272
堀場清子 147
ホルマリン固定標本 205

▶マ

マーシャル, ジョージ 40, 52, 53, 56, 93, 98
マーシャル諸島 150, 192, 246-250, 252-254, 260, 261, 273
マキジャニ, アルジュン 72, 93, 276
マクロイ, ジョン 46, 48
マジック報告 42, 49, 52, 114
マッカーサー , ダグラス 99, 127, 160
マッカーシズム 145-147
マッケイ, チャールズ 196, 197
マリアナ諸島 99
マンキューソ, トーマス 233, 234
マンハッタン計画 14, 15, 40, 58, 59, 61, 62, 68-70, 74, 75, 79-81, 83-87, 89, 90, 93, 96, 98, 102, 125, 126, 149, 150, 162, 166-169, 186, 191-194, 203, 217, 268, 272, 275, 276
マンハッタン工兵管区 93, 190, 202
マンハッタン調査団 186
三宅康雄 249, 252
宮武甫 148
無差別爆撃 26-31, 33, 35, 36, 38, 73, 92, 155
目標選定委員会 90-92, 96
モロトフ 110, 113, 124

▶ヤ

山崎正勝 170, 256
山下俊一 209
ヤルタ会談 50, 51, 53, 112
ヤルタ密約 51, 53, 54
湯川秀樹 63
ユネスコ 231
四つの罠 106, 116, 119

▶ラ

ラジウム226 176
ランド・コーポレーション 143, 257
ルーズベルト, フランクリン（米国大統領） 31, 32, 50, 51, 58-60, 64-66, 70, 81, 112, 268
ロートブラット, ジョセフ 70
ローレンス, W・H 78, 166
炉心溶融 234
ロスアラモス 78, 83, 85-87, 91, 93, 272
ロトセン, ダニエル 208
ロンゲラップ環礁 151, 261-263

バルーク案　267
バーンスタイン, バートン　95
バーンズ, ジェームズ（国務長官）　15, 44, 55, 71, 72, 93, 113, 115, 118, 119, 124-126, 131
バーンズ回答　48, 131, 132, 134, 135
パネッタ, レオン　36, 37
晩発（障害）　177, 223
ハンフォード　83, 85, 93, 233
非人道的兵器　88, 155, 156
ヒトラー , アドルフ　57, 68
日野川静枝　170
被ばく線量限度　196, 212
被爆者健康手帳　183
被爆者調査　3, 200, 213, 216
広島県原爆被害者団体協議会　207
ビキニ環礁　143, 192, 246, 248, 253, 265, 273
ビキニ水爆実験　150
ファーレル声明　162, 166, 169, 171-174, 184, 186, 214
ファーレル, トーマス　79, 90, 162, 163, 165, 166, 169, 171, 186, 187, 272
フェルミ, エンリコ　15, 74, 75, 77
フォレスタル, ジェームズ　201, 203, 204, 205
福島第一原発（事故）　4, 16, 17, 140, 141, 184, 197, 209, 228, 229, 237, 239, 242, 244, 246, 259, 269
ブッシュ , ジョージ・W（米国大統領）　20, 37, 265
ブッシュ , ヴァネヴァー　58, 81, 93
ブッシュ・ドクトリン　37
ブッラドレー , デーヴィッド　196
ブラウ, モニカ　147, 277
ブラボー・ショット　246-248, 256, 260, 261, 263, 265, 273
フランク委員会　116
フランク報告　116
フランシス委員会　220
ブルース, オースティン　258
プルトニウム　61, 66, 83, 84-87, 97, 150, 174, 186
プルトニウム型原爆　97, 98, 101, 103
プレスコード　171-173, 213, 273
プロジェクト・サンシャイン　143, 256-260, 273
プロジェクト4･1　260-263
平和の打診　44
ヘリウム原子核　176, 179
ヘンペルマン, ルイス　87
ベータ線　141, 168, 175, 177, 179, 180, 182, 259
ベータ線源　177, 181
放影研（放射線影響研究所）　170, 206-208, 210-212, 220-222, 224-226, 228, 229, 233
放射性降下物　150, 151, 171, 174, 216, 227-229, 233, 250, 252, 256, 257, 258, 260-262, 273-275
放射線影響研究所　206, 207, 210, 226, 227, 274
放射線被ばく　181, 216, 223, 224, 237, 238, 263
放射線防護基準　89, 208, 222, 228, 260
放射能症　255
放射能人体実験大統領諮問委員会　150
放射能毒性小委員会　167

254-256, 273
ダイヤル・ペインター事件 176
ダナム, チャールズ・L 219, 220
WHO 230, 231, 235, 237, 275
ダレス, ジョン・フォスター 243, 245
チェルノブイリ原発(事故) 234-236, 238, 275
チャーチル, ウインストン 50, 59, 60, 70, 108, 112, 114, 122
チャップリン, チャールズ 146
中性子線 179-182, 228, 262
直接被爆者 183
津田敏秀 235, 236
都築正男 172, 173
帝国主義国 34, 35
T57D 226, 227
T65D 226, 227, 233
DS02 227, 229
DS86 227, 233
テイラー, グラント 205, 214, 215
テイラー, テルフォード 95
デカーシー, アルバート 205
テラー, エドワード 15
東京裁判(極東軍事裁判) 33, 35, 243
東京大空襲 25, 26, 32, 33, 43, 73, 136, 153
東郷茂徳 109-111, 129
統合研究計画 220-222
東条英機 43
特定避難勧奨地域 238
トラック島 90, 91
トリニティー実験 78, 79, 85, 87, 97
トルーマン, ハリー(米国大統領) 2, 17, 40, 41, 45-48, 51, 53, 54, 93, 94, 101, 105, 108, 113, 114, 117, 118, 122, 124-126, 131, 205, 203, 204, 268, 277
ドレスデン爆撃(大空襲) 16, 32, 33

▶ナ

内部被ばく 17, 87, 141, 170, 174-176, 181, 182, 184, 185, 228, 233, 257, 259, 260, 277
中川保雄 190, 223, 231, 277
中沢啓治 198
中曽根康弘 269, 273
長崎の鐘 13
長崎原爆被災者協議会 207
ナルイシキン, セルゲイ 2
南京虐殺 33
二号研究 63
仁科芳雄 63
日米原子力協定 269
日米合同調査団 190, 191
日ソ中立条約 111, 113
入市被爆 177, 183
ニュルンベルグ裁判 33, 35, 95
ネオコン 19
乗松聡子 23

▶ハ

ハーグ陸戦条約 156, 157
ハーン, オットー 64, 67
ハイゼンベルク 64, 67
ハイドパーク覚書 59, 60, 69
バーチェット, ウィルフレッド 78, 159-162, 165, 166, 272
バード, ラルフ 93
パーネル 96

国際放射線単位委員会 231
国際放射線防護委員会→ICRP
国際保健機関→WHO
国際労働機関 231
国体護持 43, 47-51, 54, 115, 129-132, 134, 137
国連科学委員会 231, 258-260
コナント, ジェームズ 62, 74, 93, 94
近衛文麿 50, 109, 136
コリンズ, ドナルド 79, 188
ゴーディン, マイケル・D 101, 102, 277

▶サ

笹本征男 41, 163, 276
佐藤尚武 41, 109, 110
澤田昭二 170, 223, 225
残虐な兵器 152, 157
CIA（アメリカ中央情報局） 37, 250
重光葵 42, 243, 253
芝田進午 104
シャーウイン, マーティン 58, 75, 276
終末時計 37, 38
俊鶻丸 252, 253, 273
焼夷弾 25, 29
生涯がん死亡リスク 210-212, 229
蔣介石 53, 54, 114
小児甲状腺がん 234-237
食糧農業機構 231
シラード, レオ 15, 64-66, 116
若年被爆者 233
重水 65, 66, 84
重慶爆撃 28-31, 33, 136, 276
絨毯爆撃 28, 29
寿命調査→LSS
人体実験 84, 87, 103, 104, 125, 150, 186, 192, 261, 275, 277
人命救済説 19, 39-42, 55, 56
水爆実験 3, 37, 143, 150, 218, 246-249, 260, 262, 265, 274
スクリーニング効果 236, 237
鈴木貫太郎 48, 117, 128, 129
スターリン, ヨシフ 50-54, 71, 108-113, 123, 126, 247, 277
スティムソン, ヘンリー 40, 41, 47, 48, 61, 93, 94, 99, 115, 116, 123, 124, 126, 194, 273, 277
ストーン, オリバー 2, 20, 95, 125, 277
ストーン, ロバート 86
ストローズ, ルイス 249, 250, 252, 263
ストロンチウム90 75, 140-142, 144, 257-259
正義の戦争 34, 35
染色体異常 177
戦争犯罪（人） 33, 43, 95, 129, 130, 153, 154, 172
戦略爆撃調査団 149, 189, 190-194, 195, 273
戦略爆撃論 30
全米科学アカデミー・学術会議 81, 199-203, 219
線量推定システム 212, 222, 226-229, 233
早期降伏説 39, 41, 42, 49, 55
宋子文 53, 54

▶タ

胎児被爆者 183
田中利幸 30, 276, 277
第五福竜丸（事件） 150, 243, 248-252

ABCC（原爆傷害調査委員会） 104, 144, 194, 198-206, 208, 210-216, 218-225, 227, 257, 258, 261, 273, 274
エックス線 180
NPT（核拡散防止条約） 154, 274
F号研究 63
ME-81 214-216, 220
MAUD委員会報告書 68, 80, 81
LSS（寿命調査） 213, 221-225, 232, 235, 236
オークリッジ 83, 84, 87
オーターソン, アシュレイ 190, 200, 201
岡本季正 132, 135
オッペンハイマー , ロバート 15, 58, 74, 75, 77-80, 83, 94, 159, 171, 272, 276
小野寺信 44, 112
オバマ, バラク（米国大統領） 17, 37, 265

▶カ

核拡散防止条約→NPT
核軍拡競争 37, 126, 268
カズニック, ピーター 2, 20, 22, 23, 277
加瀬俊一 51
カロリン諸島 90
外部被ばく（曝） 87, 180-182, 228
ガンマ線 141, 168, 179-182, 187, 191, 228, 259
ガンマ線源 181
汚い兵器 88, 89, 184
キャッスル作戦 146, 250, 262, 273
急性障害 177, 181, 223
救援被爆者 183
空戦規則 33
久保山愛吉 150, 255, 273
クリントン, ビル（米国大統領） 17, 150, 275
グルー, ジョセフ 124
黒い雨 170, 216-218, 225
グローバルヒバクシャ 88, 270
グローブズ, レスリー 15, 40, 58, 61, 63, 66, 67, 70, 75, 78, 79, 83, 90, 92, 93, 96, 98, 102, 125, 162, 163, 187, 191-194
クロスロード作戦 192, 195-197, 273
グロムイコ案 267
クワジェリン環礁 261
軍産複合体（軍産官学複合体） 268
ゲルニカ爆撃 27-30
原子力安全に関する福島閣僚会議 236
原子力平和利用 222, 268
原爆実験 55, 78, 85, 92, 121-124, 136, 192, 248, 251, 262, 272-274
原爆外交(説) 22, 23, 123
原爆効果調査団 162, 166, 190
原爆傷害調査委員会→ABCC
原爆症認定(訴訟) 177, 182-184, 232
原爆神話 19, 39, 41, 55, 102, 120, 194, 266, 267, 273
原爆訴訟 183
原爆投下命令書 98, 100, 103, 118
原爆被害報告書 163, 164, 272
甲状腺がん 234-238
コーフィールド, キャサリン 171, 276
国際科学連合会議 231
国際原子力ムラ 230-232, 241, 242, 246, 264, 277
国際原子力機関→IAEA
国際標準組織 231
国際放射線会議 231

索　引

▶ア

IAEA（国際原子力機関）　230, 231, 234, 236-241, 247, 274
ICRP（国際放射能防護委員会　212, 231, 233, 234, 236
アイゼンハワー（米国大統領）　127, 222, 240, 268, 273
アイゼンバッド, メリル　257, 258
アイリック環礁　151
アインシュタイン, アルバート　64, 65, 66, 274
悪魔の兵器　267
アズーサ作戦　67
アトミック・ベテラン　88
天野之弥　240
アメリカ軍合同調査団　190, 191, 194, 200, 201, 205, 273, 274
アメリカ軍戦略爆撃調査団　189, 190, 191, 194, 195
アメリカ軍病理学研究所　191, 203-206, 221, 274
アメリカ原子力委員会（AEC）　192, 203, 210-214, 219, 220, 227, 234, 246-250, 255-261, 273, 274
アメリカ国立アレルギー感染研究所　206, 208
アメリカ国立公文書館　3, 41, 145, 149, 193, 194, 243, 245, 263, 264
アメリカ中央情報局（CIA）　250
荒勝文策　63
アラモゴード　55, 85, 97, 121, 136, 272
アリソン, ジョン・M　243, 245, 251-253, 255
アルソス作戦　67
アルファ線　8, 86, 142, 175-177, 179-181, 182
アルファ線源　175, 177, 181
アルペロヴィッツ, ガー　23, 46, 123
イチバン計画　227
今掘誠二　160, 162
ウィキリークス　240
ウェルサム, アイリーン　78, 87, 150, 171, 186, 188, 277
ウォレン, シールズ　214, 258
ウォレン, スタッフォード　78, 87, 169, 186-190, 195, 196, 217, 272
ウッドベリー , ローエル・A　215-219, 221, 227, 257
ウランフェライン（ウラン・クラブ）　67, 68
ウラン型原爆　55, 97, 98
AEC→アメリカ原子力委員会
A級戦犯　243, 244

木村朗（きむら・あきら）

鹿児島大学教員、平和学専攻。1954年8月生まれ。北九州市小倉出身。日本平和学会理事。平和問題ゼミナールを主宰。インターネット新聞NPJに論評「時代の奔流を見据えて」を連載中。主な著作は単著『危機の時代の平和学』（法律文化社、2006年）、共著『広島・長崎への原爆投下再考――日米の視点』（法律文化社、2010年）、『闘う平和学――平和づくりの理論と実践』（三一書房、2014年）、『米国が隠す日本の真実――戦後日本の知られざる暗部を明かす』（星雲社、2015年）、編著『終わらない〈占領〉――対米自立と日米安保見直しを提言する！』（法律文化社、2013年）、『21世紀のグローバル・ファシズム――侵略戦争と暗黒社会を許さないために』（耕文社、2013年）、『核時代の神話と虚像』（明石書店、2015年）など。

高橋博子（たかはし・ひろこ）

明治学院大学国際平和研究所研究員（客員）。アメリカ史専攻。1969年生まれ。富山大学非常勤講師、早稲田大学現代政治経済研究所特別研究員、広島市立大学平和研究所講師をへて、現在に至る。2003年、同志社大学文学研究科より博士号（文化史）取得。日本アメリカ学会、日本アメリカ史学会、日本平和学会、文化史学会、同時代史学会などに所属。広島平和記念資料館資料調査研究会委員、都立第五福竜丸展示館専門委員、日本平和学会理事、日本平和学会グローバルヒバクシャ分科会共同代表。2008年に第2回日本平和学会平和研究奨励賞を受賞。単著『〈新訂増補版〉封印されたヒロシマ・ナガサキ――米核実験と民間防衛計画』（凱風社、2012年）、編著『核時代の神話と虚像』（明石書店、2015年）など。

構成：緑慎也

「戦後再発見」双書④

核《かく》の戦後史《せんごし》

Q&Aで学《まな》ぶ原爆《げんばく》・原発《げんぱつ》・被《ひ》ばくの真実《しんじつ》

2016年3月10日　第1版第1刷発行

著　者……………………………………………
木村朗、高橋博子

発行者……………………………………………
矢部敬一

発行所……………………………………………
株式会社 創元社
http://www.sogensha.co.jp/
本社　〒541-0047 大阪市中央区淡路町4-3-6
Tel.06-6231-9010　Fax.06-6233-3111
東京支店　〒162-0825 東京都新宿区神楽坂4-3 煉瓦塔ビル
Tel.03-3269-1051

企画・編集……………………………………………
書籍情報社

印刷所……………………………………………
三松堂株式会社

ISBN978-4-422-30054-2